Horst Nagel
Mantras für den Alltag

Impressum:
2020   Horst Nagel
Mantras für den Alltag
Herstellung und Verlag
BoD - Books on Demand, Norderstedt

ISBN: 978-3-7519-7751-7

Bibliografische Information der Deutschen Nationalbibliothek
Die Deutsche Nationalbibliothek verzeichnet diese Publikation
in der Deutschen Nationalbiografie.
Detaillierte bibliografische Daten sind im Internet
über http//dnb.dnb.de abrufbar

Titelfoto: Horst Nagel
Foto des Autors; Hanne Kujath

Einleitung

Im ursprünglichen Sinne
handelt es sich bei Mantras um Silben oder Worte,
die von göttlicher Kraft erfüllt sind.
Ich fasse den Begriff „Mantra" etwas weiter
und benutze ihn für spirituelle Lieder,
die wie ein Mantra mehrere Male hintereinander gesungen
werden,
so dass die heilenden Energien der Worte und der Melodie
Zeit haben, uns zu durchdringen
und unsere Seele zu berühren.

Mantras sind spirituelle Lieder mit möglichst kurzem Text, die oftmals hintereinander gesungen werden. Je länger so ein Mantra gesungen wird, desto stärker prägt sich der Grundgedanke des Textes, da er ja nur aus wenigen Wörtern besteht, ein.

Mantras sind eine Hilfe, sich nicht als getrennt von Gott zu erleben. Sie sind eine Hilfe, die eigene göttliche Natur zu erkennen und Polarisationen aufzuheben, damit Himmel und Erde eins werden können.

Zum Wesen von Mantras gibt es sehr viele Definitionen. Einige davon lauten:

- Mantras sind Silben, Worte oder kurze Sätze bzw. gesungene Gebete, die eine besondere Kraft entwickeln.
- Mantras sind ein Ruf des Herzens, der durch das Herz beantwortet wird.

Ursprünglich stammen Mantras aus Indien und gelangten über Amerika nach Europa. Hier erkannte man schnell, dass das Christentum seit dem Alten Testament ebenfalls „Mantras" besitzt, z. B. Halleluja, Hosianna, Ave Maria, Amen u.v.a., dass Mantras eine lange jüdische und christliche Tradition besitzen.

In den unterschiedlichsten Ländern und Kulturen der Welt wurde Gott mit vielen Namen gerufen. Aber egal auf welchem Weg man sich diesem einen Gott annähert, handelt es sich immer um die gleiche Quelle der Liebe, des Lichts und der Kraft: Eine überall verkündete Botschaft, z. B. durch Jesus Christus, der *„den Wagemut und die Entschlossenheit gehabt hat, alles zu geben, um das höchste Ziel des Lebens zu verwirklichen und Gott in der tiefsten Tiefe des Bewusstseins und gleichzeitig in allen Mitmenschen wahrzunehmen (EKNATH EASWARAN Das Mantrabuch).*

Mantras sind keine todernste Angelegenheit. Sie dürfen voller Freude und schwungvoll gesungen werden, nicht nur in der Tradition des christlichen mittelalterlichen Mönchsgesangs.

Die Freude am Singen ist evolutionär tief in unserer Biologie verankert und bringt uns wieder in Verbindung mit unserem Körper, der Natur und dem ganzen Kosmos. Musik ist ein wunderbarer Weg dorthin.

Dazu einige Zitate von Wolfgang Bossinger:
Singen kann dazu beitragen, die in westlichen Gesellschaften zunehmende soziale Isolation und emotionale Verarmung zu überwinden.
Beim Singen geht es um Spaß, Freude, Gemeinschaft, Verbundenheit, so dass man auf seelischer, geistiger und körperlicher Ebene profitieren kann.
Singen kann helfen, uns zu entspannen, Stress abzubauen, unser Immunsystem zu stärken.
Singen kann unseren Körper und unsere Seele auf ganz natürliche und sanfte Art beruhigen und eine Entspannungsreaktion hervorrufen.
In einer Gruppe von Menschen, welche sich singend und tanzend aufeinander eingestimmt hat, kann man die Erfahrung machen, dass das eigene Ich sich in dem größeren Ganzen auflöst oder mitgetragen wird. Es gibt nur noch Schwingung, Klang und Freude, intensive Freude, einfach dazusein, zu tönen, zu atmen.
Wenn Menschen intensiv zusammen singen entsteht Verbundenheit gleichsam von selbst. Die Herzen beginnen sich füreinander zu öffnen.

Udo Jürgens bekennt in einem Interview: *„Ich mache Lieder, um mir selbst zu helfen. Ich habe vor vielen Dingen im Leben Angst, wenn ich sehe, dass Öl ins Meer fließt. Angst, die zu Schlafstörungen geführt hat, konnte ich mit Musik machen bewältigen.*
Wenn eine Melodie bzw. ein Refrain wiederkommt, gibt es ein Wohlbefinden. Wiedererkennen ist immer Wohlbefinden."

Singen ist ein Geschenk, um mit der eigenen inneren Tiefe in Kontakt zu kommen. Mantras – nicht nur im Alltag - zu singen hilft, unsere Seele auf der Suche nach Sinn und Verbundenheit mit der Schöpfung zu feiern. Es hilft, unser Herz berühren zu lassen.

Hinweise

- Alle spirituellen Lieder dieses Buches sind in Noten notiert und mit Gitarrenakkorden versehen.
- Der größte Teil der Texte und Melodien stammen vom Autor.
- Ausnahmen sind gekennzeichnet:

   T   → Text von / aus …..

   TA   → Textanregung von / durch …..

   M   → Melodie komponiert von …..

   MA → Melodie-Anregung von …..

- Zusammengestellt 2020
- Kompositionen aus den Jahren 2000 bis 2020
- Seit 1999 sammele ich spirituelle Lieder

Inhaltsverzeichnis

Einleitung

Themen und Mantras dazu

Autoren der Gebete bzw. Einleitungs-Beiträge

Alphabetisches Verzeichnis der spirituellen Lieder

I Mantras zum Tagesbeginn

Morgengebet

Geliebter Vater. Du lässt den Morgen einziehen in mein Herz. Aus nächtlichem Tun im Geistigen führst Du mich zurück ins irdische Bewusstsein meines Leibes. Bitte führe und leite mich an diesem Tage, so wie alle Tage meines Lebens, genauso liebevoll und gütig, wie Du es immer getan hast.

Vater, lass mich schon hier auf Erden zum Licht werden für die, die es suchen. Gib mir die Kraft und die Liebe, sie in ihrem Streben zum Guten zu unterstützen und nicht müde zu werden im Aussenden von Liebe, Mitgefühl und Gebetskraft. Ich danke Dir.
Amen
(Ewald Neff)

Indianisches Morgengebet

Dort in der Ferne erhebt sich die Sonne,
steigt die Leiter hinauf,
kommt hervor aus ihrer Stätte.
Mögen alle den Weg des Lebens vollenden,
mögen die Kinder vom heiligen Hauch des Lebens atmen.
Mögen alle meine Kinder Nahrung haben, damit sie den Weg ihres Lebens vollenden können.
(via Rudolf Kaiser)

I Zum Tagesbeginn

1 BEGINN DEN TAG IN LIEBE

Textanregung: Sai Baba

Be-ginn' den Tag in Lie - be, ver-bring' den Tag im

Son - nen - schein. Fül-le den Tag mit Lie - be,

das ist der Weg zu Gott. Weg zu Gott.

2 ICH NEHME AN, WAS DIESER TAG MIR GIBT

Ich neh-me an, was die-ser Tag mir gibt an Schö-nem:

Er gibt mir Luft und Le-ben, er gibt mir Got-tes Licht.

Er gibt mir La-chen und Wei-nen und das Wun-der die-ses Tags.

3 DAS LICHT DES TAGES IST GEKOMMEN

T: indianisch

Das Licht des Ta-ges ist ge-kom-men, das Licht des Ta-ges bringt

neu-en Schwung.   Ju-belt, ju-belt, ju-belt laut! laut!

4 GUTEN MORGEN, NEUER TAG

Gu-ten Mor-gen, neu-er Tag,   ich bin er-wacht mit ei-nem

Lied im Her-zen.   Gu-ten Mor-gen, neu-er Tag.

Du wirst ein - zig - ar - tig wer-   den.

II Mantras zum Angenommensein

Dein Ja zu dir
Alles verändert sich in dem Moment, in dem du dich selbst akzeptierst.
Indem du aufhörst, im Außen die Bestätigung zu suchen, die du dir in
Wahrheit nur selbst geben kannst. Dein JA zu dir ist ein Bekenntnis, das
dich inspiriert, endlich all die Dinge zu tun, die dir wichtig sind. Und das
dich anspornt, selbstbewusst JA zu deiner Arbeit, deiner Liebe, deiner
Wahrheit und deiner Berufung zu sagen!
(aus HAPPINEZ 2-2020)

Gesegnet sei dein Aufbruch, damit du Altes loslassen kannst
und zuversichtlich neue Schritte wagst.

Gesegnet sei dein Suchen, damit du finden mögest,
was du wirklich brauchst im Leben.

Gesegnet sei dein Aufblühen, deine Knospen der Hoffnung,
die sich vertrauensvoll öffnen werden.

Gesegnet sei dein Engagement, Aufbruch für eine zärtliche
Gerechtigkeit,
die vielen Menschen Zuversicht schenkt.

Gesegnet sei deine Lebenskraft, die sich in deinen Beziehungen
entfaltet
und auch in wohlwollender Konfliktfähigkeit.

Gesegnet sei dein Dasein im Genießen des Frühlings,
es nährt die Vertrauen ins Leben.
(Pierre Stutz)

5 GOTT LIEBT MICH, WIE ICH BIN

TA: Bobby Schuller

Gott liebt mich, wie ich bin, drum bin ich stets ge-stärkt. In sei-ner Lie-be le-be ich; er liebt mich, wie ich bin. er liebt mich, wie ich bin.

6 MEIN LEBEN IST EIN LIED

Mein Le-ben ist ein Lied, es wird von Gott ge-sun-gen.

Mein Le-ben ist ein Lied mit sü-ßer Me-lo-die.

7 CLOSE YOUR EYES

T: Herzenslied der Sternenblüte

Close your eyes and see with your own heart. Close your ears and hear with your own heart. Go and search for your bu-ried heart. Go and find bring its spi-rit back. Feel the wind blow-ing whis-p'ring your call Stars will spar - kle through your spi-ri-ted heart a-gain. Yes. Stars will spar- kle through your

Text via Margit Scheidler "Herzensauge"

spi-ri-ted heart.

Schließe deine Augen und sehe mit deinem Herzen!
Schließe deine Ohren und höre mit deinem Herzen!
Gehe auf die Suche nach deinem zugeschütteten Herz,
finde es und bringe seinen Geist zurück.
Spüre den Wind, welcher deinen Namen flüstert!
Sterne beginnen erneut in deinem geöffneten Herzen zu funkeln

8 I AM ONE WITH THE HEART OF THE MOTHER Michael Stillwater

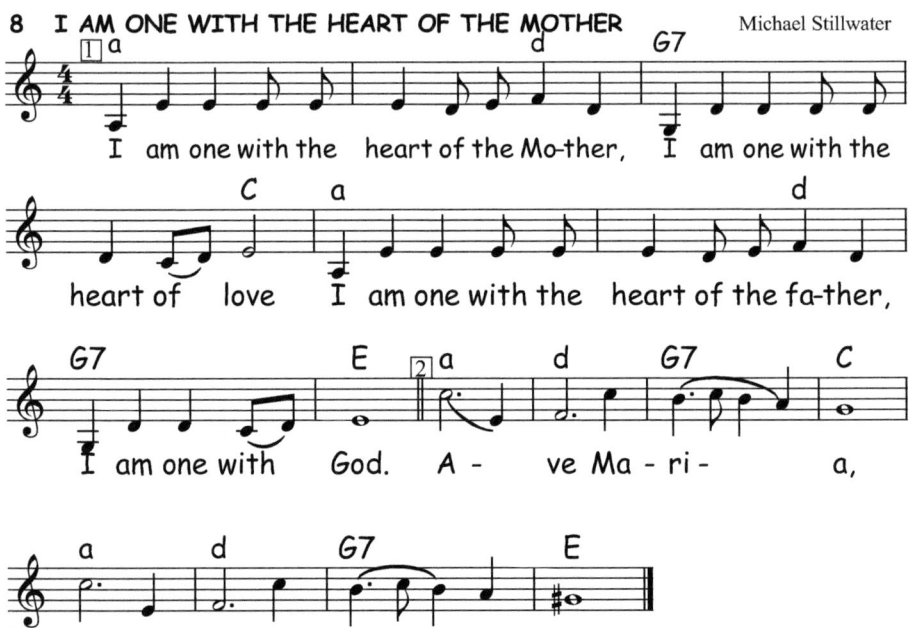

I am one with the heart of the Mo-ther, I am one with the

heart of love I am one with the heart of the fa-ther,

I am one with God. A - ve Ma - ri - a,

Ky - ri - e e - lei - i - son.

Das Göttliche ist weiblich und männlich

9 WE ARE ONE WITH OUR MOTHER

We are one with our Mo-ther, we are one with the Earth,

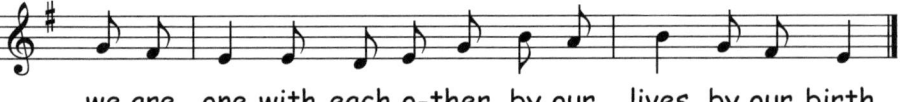

we are one with each o-ther, by our lives, by our birth.

10 WHEN I DANCE

T: Nora Naranjo-Morse

When I dance, when I dance I am whole, I am save, when I

dance, when I dance I am cen - tered.

He - ya he - ya ho, he - ya he - ya!

Wenn ich tanze , dann bin ich ganz, dann bin ich geborgen.
Wenn ich tanze, dann finde ich meine Mitte.

<u>III Mantras gegen Ängste</u>

Atemtechnik, um Angst loszulassen

- Drücke mit dem rechten Daumen auf das rechte Nasenloch und atme durch das linke Nasenloch aus. Stelle dir vor, dass sich deine Angst im All auflöst.
- Dann atme wieder ganz tief durch das linke Nasenloch ein. Insgesamt 26 mal. Stelle dir dabei vor, wie sich dein Gehirn und dein ganzer Körper reinigt.
- Denke dir bei jedem Einatmen, dass du einen neuen Anfang setzt. Du füllst dich mit der ganzen Energie des Universums. Du bist von Energie umgeben und brauchst sie dir nur zu nehmen.

(von Doe Lang aus „Geheimnis Charisma")

III Gegen Ängste

11 LIEBE, LICHT UND AUSGEGLICHENHEIT

TA: Grazyna Fosar / Franz Bludorf

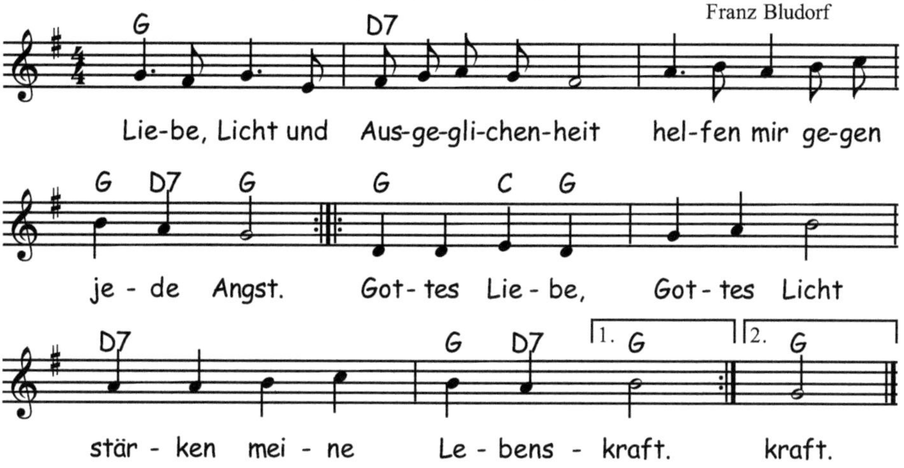
G D7
Lie-be, Licht und Aus-ge-gli-chen-heit hel-fen mir ge-gen
G D7 G G C G
je - de Angst. Got- tes Lie - be, Got - tes Licht
D7 G D7 1. G 2. G
stär - ken mei - ne Le - bens - kraft. kraft.

12 MEINE TRÄNEN WASCH ICH WEG

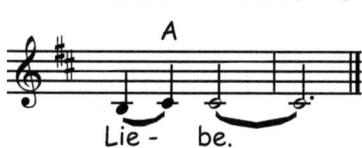

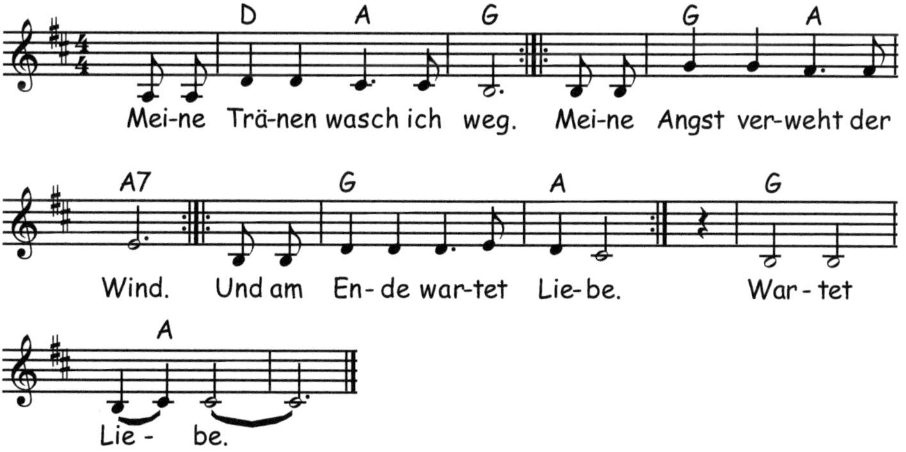
D A G G A
Mei-ne Trä-nen wasch ich weg. Mei-ne Angst ver-weht der
A7 G A G
Wind. Und am En- de war-tet Lie- be. War - tet
A
Lie - be.

13 OB WÜSTE, OB MEER

Ob Wüs - te, ob Meer, ob jen-seits al-ler Kul - tur.

Ü - ber - all weht der Wind mei - ne
U - ber - all brennt die Son - ne mei - ne
Er - de und Was - ser sin - gen mei - nen

Ängs-te hin - weg. Ängs-te hin - weg.
Sor-gen hin - weg. Sor-gen hin - weg.
gro-ßen Traum. gro-ßen Traum.

14 SINGEN WILL ICH DEM MOND

TA: Angaangaq

Sin-gen will ich dem Mond, der mich be-schützt und

stützt in Not, der hilft in dunk-ler Stund, ver

ges-sen lässt die Ein-sam-keit.

15 WENN ICH TIEF VERZWEIFELT BIN

TA: Angaangaq

Wenn ich tief ver - zwei-felt bin,   oh - ne Mut und

hoff - nungs-los   muss ich nicht ver - za-gen.

Denn   der   Mond   wird   voll   auf - geh'n

und   mich   dran   er - in - nern,   dass   es   Hoff - nung

gibt,   die   Dun-kel - heit   zu   ü - ber - steh'n.

16 TRÄNEN ÖFFNEN DEN WEG ZUR SEELE

Trä-nen öff-nen den   Weg zur   See-le,   strah-len-de Bli-cke

lei - ten   ins   Herz.   Herz   und   See - le   bin-den   das

Gött - li - che,   las - sen   in   uns   Freu-de   und   Schmerz.

IV Mantras für den inneren Frieden

Die Kraft zum Leben kann nur von innen kommen. Sie ist zutiefst enthalten in der eigenen Gestalt, die in uns schlummert; und wo immer wir imstande sind, uns mit dem Grund unseres Daseins tief zu verwurzeln, so dass es uns ganz durchdringt, prägt sich auch nach außen hin alles an Schönheit, an Würde und an Wahrheit unseres eigenen Wesens aus, was uns bestimmt und ausmacht.

Dieser Drang zum Leben, der von innen kommt, durchflutet uns einzig in einem hellen, milden Klima von Licht und Wärme, und mehr ist durchaus nicht erforderlich, um Menschen wachsen zu lassen, als einen solchen Umraum der Liebe zu schaffen.   (Eugen Drewermann)

Was die meisten von uns für sich selbst wünschen, ist Frieden. Der Dalai Lama lehrt uns, dass Frieden auf Liebe, Mitgefühl und Selbstlosigkeit basiert, und dass wir, wenn wir diese inneren Qualitäten entwickeln, eine Atmosphäre des Friedens und der Harmonie in uns schaffen können. Diese innere Atmosphäre des Friedens erleben wir als ein tiefes Gefühl der Heimkehr in unsere innere spirituelle Heimat.
(Rachel Harris)

<u>Gebet für Zufriedenheit</u>
Guter Vater, in unserem Herzen haben wir den innigen Wunsch nach
Zufriedenheit. Alle Menschen sehnen sich nach Frieden. Aber wie kann
sich Frieden über die Erde verbreiten, solange wir Menschen in uns
unzufrieden sind?

So bitten wir Dich, gib allen die Kraft, dass jeder in sich so stark wird
und Zufriedenheit erreicht. Jeder muss mithelfen, sein eigenes Ich in
den Hintergrund stellen, um in seinem Umfeld Frieden zu schaffen.

Zeige uns den Weg und mache uns so stark, dass unsere Zufriedenheit
kein Stückwerk bleibt, sondern ein Meisterwerk jedes Einzelnen wird. In
unseren Herzen müssen wir damit beginnen. So bitten wir alle Wesen,
die für uns Verantwortung tragen, uns zu unterstützen. Wir danken der
gesamten Geistigen Welt. Amen   (Ewald Neff)

17 BLUMEN DES FRIEDENS SOLLEN ERBLÜHEN

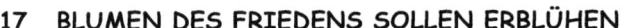

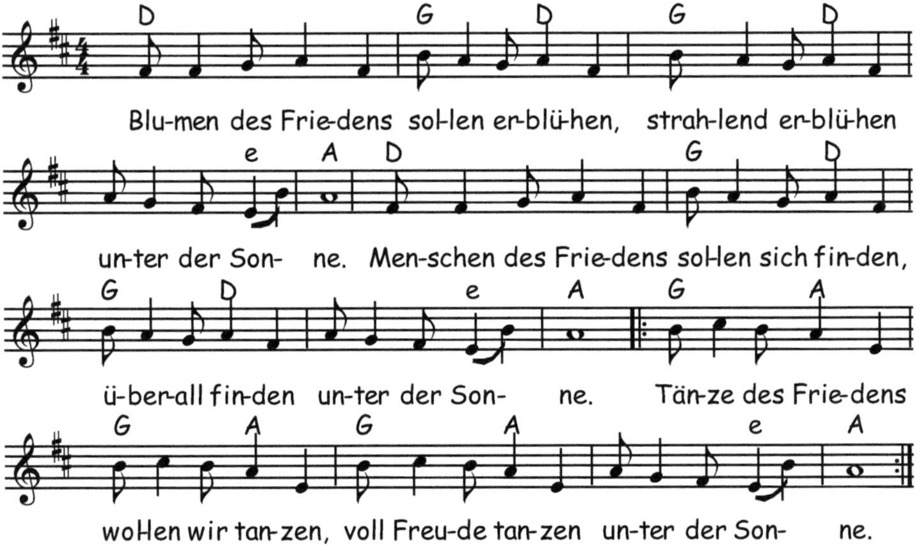
D G D G D
Blu-men des Frie-dens sol-len er-blü-hen, strah-lend er-blü-hen
e A D G D
un-ter der Son- ne. Men-schen des Frie-dens sol-len sich fin-den,
G D e A G A
ü-ber-all fin-den un-ter der Son- ne. Tän-ze des Frie-dens
G A G A e A
wol-len wir tan-zen, voll Freu-de tan-zen un-ter der Son- ne.

18 GROSSER GEIST: LASSS' IN MIR ERBLÜHEN

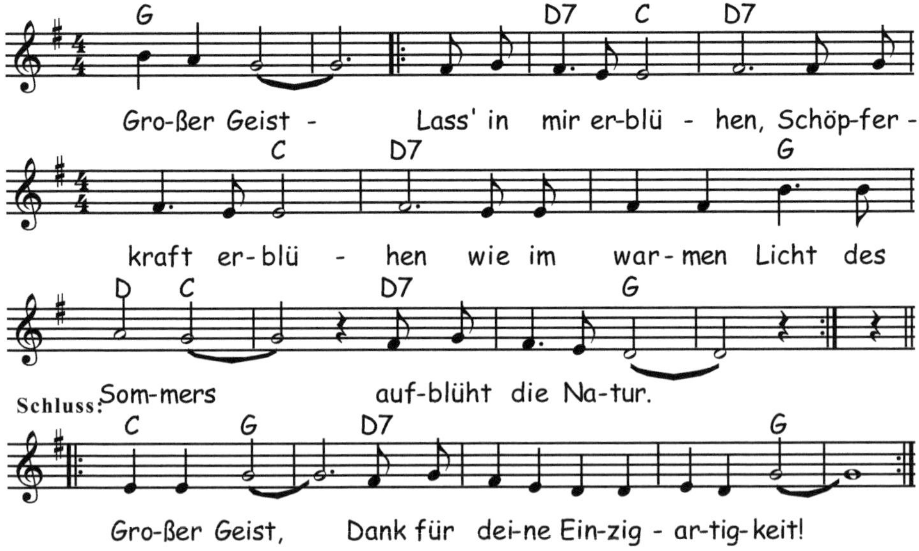
G D7 C D7
Gro-ßer Geist - Lass' in mir er-blü - hen, Schöp-fer -
C D7 G
kraft er- blü - hen wie im war - men Licht des
D C D7 G
Som-mers auf-blüht die Na-tur.
Schluss:
C G D7 G
Gro-ßer Geist, Dank für dei-ne Ein-zig - ar-tig- keit!

19   ICH BIN EIN LIEBENSWERTES WESEN

TA: Robert Betz

Ich bin ein lie-bens-wer-tes We-sen, bin vol-ler

Lie-be, bin wun-der - schön.   Ich will lie-ben, la-chen

tan-zen,   freu-dig,   leicht durchs Le-ben   gehn.

20   ICH BIN EIN GESCHENK

ICH BIN EIN GE-SCHENK: Wenn ich la-che, lacht Gott aus

mir. Wenn ich strah-le,   strahlt Gott aus   mir. Wenn ich

sin-ge,   singt Gott aus   mir.   Wenn ich mich freu-e,

freut sich Gott in   mir; das Gött-li - che in mir.

<u>V Mantras für den Frieden in der Welt</u>

Auch wenn der Versuch schwierig sein mag, den Weltfrieden durch innere Wandlung der einzelnen Menschen herbeizuführen, ist es der einzige Weg.
(Dalai Lama)

Der Frieden auf Erden beginnt mit dem Frieden in unserer Seele; Samen des Friedens schlummern in jedem von uns.

Aus einer Friedens-Meditation:
Sieh unseren schönen Planeten so, wie er vom Weltraum aus erscheint: wie ein liebliches Juwel, das in der sternenfunkelnden Unendlichkeit schwebt. Stell dir unseren wunderschönen Planeten in Licht gehüllt vor – die grünen Kontinente, die blauen Ozeane, die weißen Polkappen, die Zweibeiner und die Vierbeiner, die Fische des Wassers und die Vögel des Himmels. Die Erde ist ein Ort der Gegensätze: Tag und Nacht, gut und böse, oben und unten, männlich und weiblich. Sei geräumig genug, um alles in dir zu fassen, *während du diesen Segen aussprichst:*

Möge Frieden auf Erden sein.
Mögen die Herzen aller Menschen für sie selbst
und füreinander offen sein.
Mögen alle des Lichts ihrer wahren Natur gewahr werden.
Möge die ganze Schöpfung gesegnet
und selbst ein Segen sein für alles Seiende.
(Joan Borysenko)

21 LET THERE BE PEACE AND LOVE

Let there be   peace and   love a -   mong all   be-ings

of the u-ni - verse.   Let there be   peace,   let there be

peace,   let there be   peace,   let there be   peace.

OM   Shan- ti   Shan - ti   Shan- ti OM.

Liebe und Frieden für alle Wesen dieses Universums.
Lasst überall Frieden sein!
OM Shanti

22 FRIEDEN ALLEN VÖLKERN

Frie-den al-len   Völ-kern, Frie-den in der   Welt, Frie-den al-len

We-sen, Frie-den al-lem Sein.   Sha-lom Sha-lom Sha-lom Sha-lom

Sha - lom Sha- lom Sha - lom Sha - lom Sha-lom

23 SINGT DEN FRIEDEN AUF DIE ERDE

Singt, singt den   Frie-den auf die Er- de,   singt, singt den

Frie-den in die Her-zen,   singt, singt den   Frie-den in die See-len,

singt das Lied vom   Glück-lich-sein.

24 EIN REGENBOGENTRAUM

Ein   Re-gen-bo-gen-Traum   ver - bin-det dich und mich.

Ein   Re-gen-bo-gen- Traum   ver - bin-det uns mit euch.

Ein   Re-gen-bo-gen-Traum   schafft Frie-den zwi-schen uns.

Der   Re-gen-bo-gen-Frie-den   um - fasst die gan-ze Welt.

VI Mantras für das Göttliche in mir

Spirituelle Lieder, die zur Erfahrung des Göttlichen in einem führen sollen, gibt es in allen großen Religionen der Welt.

Wir ziehen uns zurück, um mit dem Göttlichen in uns in Verbindung zu treten und das Göttliche in der Welt zu erkennen. In dem Augenblick, in dem unsere innere Welt mit der äußeren zusammentrifft, können wir unser spirituelles Leben entfalten. (Rachel Harris)

Unsere Fähigkeit zu entdecken, alles als einen Segen anzusehen, was vor uns liegt, ist die Erleuchtung, die aus der innigen Verbindung zu allen Dingen kommt.
(Jack Kornfield in „Frag den Buddha und geh den Weg des Herzens")

25 ICH BIN EINE SCHÖNE BLUME

TA: Jeru Kabbal

Ich bin ei - ne schö-ne Blu - me im Gar-ten, den man

Le-ben nennt.   Vol-ler Duft und tie-fer Far - be im Gar-ten,

den man Le-ben nennt.   Ich bin Schön-heit, ich bin

Le - ben, ich bin Lie - be, ich bin Ge - ben.

26 UND MAG DER HIMMEL NOCH SO GRAU SEIN

Und mag der Him-mel noch so grau sein; mein Le-ben

trist' und oh-ne Son-nen- schein: So werd' ich im-mer wie-der

mein Le-ben fei-ern. So werd' ich im-mer eh-ren: das Göttli -

che in mir.   In mir, in dir.

27 O, LASS' MICH DIE SCHÖNHEIT SCHÄTZEN
TA: Andrea Dinkel-Tischendorf

O, lass' mich die Schön-heit schät- zen, die Gott uns ge -

schenkt hat.   Las-se mich ver-bin-den mit ihr und mei-nem Gott.

28 SHAMBALA, MEIN WEG NACH SHAMBALA

Sham-ba-la, mein Weg nach Sham-ba-la. Sham-ba-la, Land der Voll -

kom-mem-heit.   Sham-ba-la, mein Ziel ist   Sham-ba-la.

Sham-ba-la, in mir ist Gött-lich-keit.   Le-ben, Lie-be, Freu-de,

La-chen, Sin-gen, Tan-zen, Leich-tig-keit   Leich-tig-keit.

Hinter dem kosmischen Berg Meru, dessen geografische Lage niemand im Buddhismus kennt, liegt das Land der Vollkommenheit SHAMBALA.
Nach westlicher Auffassung wird man Shambala mit der universellen Quelle gleichsetzen. Was man im Außen vergebens sucht, findet man im Innern: das Göttliche.

29 LEBE, LIEBE, LACHE

TA: Waltraud Kujath

Le - be, lie - be, la - che, le - be, lie - be, la - che!

Ich bin Ge - bor-gen-heit, ich bin Si - cher - heit.

Ich bin Ge - bor-gen-heit, ich bin Si - cher - heit.

Und mein Herz singt:

30 DA WO ICH GEHE, GEHST DU, ADONAI

TA; Martin Buber

Da wo ich ge-he, gehst Du, A-do - nai. Da wo ich ste-he,

stehst Du, A-do-nai. Auf al-len We-gen bist Du, A-do- nai.

An al-len En-den bist Du, A- do - nai. Im- mer nur

Du, wie-der nur Du, im-mer nur Du, nur Du, Du, Du!

Adonai (= Gott in der jüdischen Bibel) ist nicht in der Himmelsferne, sondern überall
in der Natur, überall im Leben, er ist an jedem Ort gegenwärtig.

VII Mantras zum Licht in mir

Wenn Dein Licht in meine Seele fällt.

Ohne Dein Licht habe ich nichts,
was meinem Leben Glanz verleiht
Ohne Deine Nähe macht sich Leere in mir breit.
Ohne Dein Licht bleibt es grau, trübe und verschwommen
Die tiefere Bedeutung meines Lebens geht verloren.

Doch wenn Dein Licht in meine Seele fällt,
wenn ich in Deine Nähe finde
Spüre ich die Kraft, die mich erhält,
werde wieder stark in Dir
Vieles was in mir verloren war,
wird durch Dich aufs Neue wunderbar
Glanz des Himmels strahlt in meine Welt,
wenn Dein Licht in meine Seele fällt.

(Martin Pepper)

Und mit jedem Herzschlag wird mir klarer,
dass du Gott uns nicht helfen kannst,
sondern dass wir dir helfen müssen
und deinen Wohnsitz in unserem Inneren
bis zum Letzten verteidigen müssen.
(Etty Hillesum zu menschlicher Grausamkeit,
zitiert nach Pierre Stutz)

Wir sind durchtränkt von Licht- wir sind Licht.
Ein Jeder ein strahlender Lichtkörper für sich.
Manchmal scheint unser Licht unermesslich groß durch uns hindurch. Ein anderes Mal scheint es nicht heller, als das Licht der Anderen.

Und doch...

Wir haben dieses große Licht immer in uns.
Wir sind zu jedem Zeitpunkt unseres Seins Licht – mit einem Lichtkörper, den wir bewusst größer machen oder auch begrenzen können.
Es liegt allein in unserer Hand wie unendlich schön und groß unser Licht erscheint...und scheint dann auch für die Menschen, die ihre Aufmerksamkeit auf unser Licht lenken.
Manch Einer wird das Licht in uns erkennen. Andere nehmen es nicht wahr- ihre Aufmerksamkeit liegt auf anderen Dingen.
Und doch bestimmt jeder Einzelne von uns für sich selbst wie viel Licht er ausstrahlt – wie viel Licht er auf die Welt bringt- für wie viel Menschen sein-ihr Licht erstrahlen soll.

(Martina Haunert)

31 WIR KINDER DES LICHTS

Wir Kin-der des Lichts ent - zün-den die Ster-ne, und

es wird hell in den Her-zen der Men - schen.

32 I AM A CIRCLE

Adele Getty

I am a cir- cle, I am heal- ing you. You are my

cir- cle, you are heal- ing me. U- nite us,

33 WIR SIND EIN LICHTKREIS

Deutsche Version

Wir sind ein Licht - kreis,

und wir leuch - ten in die wei-te Welt.

34 ICH BIN EIN KIND DES LICHTES

TA: Phil Bosmans

Ich bin ein Kind des Lich-tes. Ich bin ein Kind der Son-ne.

Ich bin ein Kind der Lie-be, ich bin Got-tes Kind.

35 LICHT, ICH BIN LICHT

TA: Sandra Ingerman

Licht, ich bin Licht. Licht, wir sind Licht.

Lasst uns al - les in Licht ver - wan - deln,

al - les Le - ben kommt aus Licht.

VIII   Mantras zur Heilung und zur Stärkung der Kraft

Wir alle benötigen Heilung, um uns vollständiger zu fühlen und ganz zu werden. Tief in unserem Herzen wissen wir, dass das Leben mehr sein muss, als wir sein könnten.

Das Potenzial für Heilung ist immer vorhanden. Wir müssen uns darüber klar werden, dass Heilung ein spontaner und wesentlicher Teil unserer spirituellen Reise ist.je mehr wir in der Lage sind, uns selbst und andere zu heilen, desto weiter schreiten wir in unserem Prozess der Ganzwerdung voran. (Rachel Harris)

Indianisches Gebet
Größer Geist, bewahre mich davor, über einen Menschen zu urteilen, ehe ich nicht eine Meile in seinen Mokassins gegangen bin.
Ich strebe nach Stärke, nicht, um meinen Bruder zu übertreffen, sondern um meinen größten Feind zu bekämpfen- mich selbst. Lass mich stets bereit sein, zu dir zu kommen, mit reinen Händen und geraden Blick. So dass mein Geist, wenn das Leben verblasst wie die Sonne am Abend, ohne Scham zu dir kommen kann.

Woran erkennt man einen seelisch gesunden Menschen?
Ein gesunder Mensch hat all das noch, was er als Kind mit auf die Welt gebracht hat: Entdeckerfreude und Gestaltungslust, Offenheit, Beziehungsfähigkeit, Vertrauen Zuversicht, Lebensfreude und Begeisterung über sich selbst. Er ist im Einklang mit sich selbst und in der Lage, sich in andere hinein zu versetzen. Er ist im Einklang mit der Natur und mit der Welt. (Vortrag von Gerald Hüther: „Stärkung von Selbstheilungskräften aus neurobiologischer Sicht", gehalten 2011 in München)

36 MEINE STÄRKE RUHT IN MIR

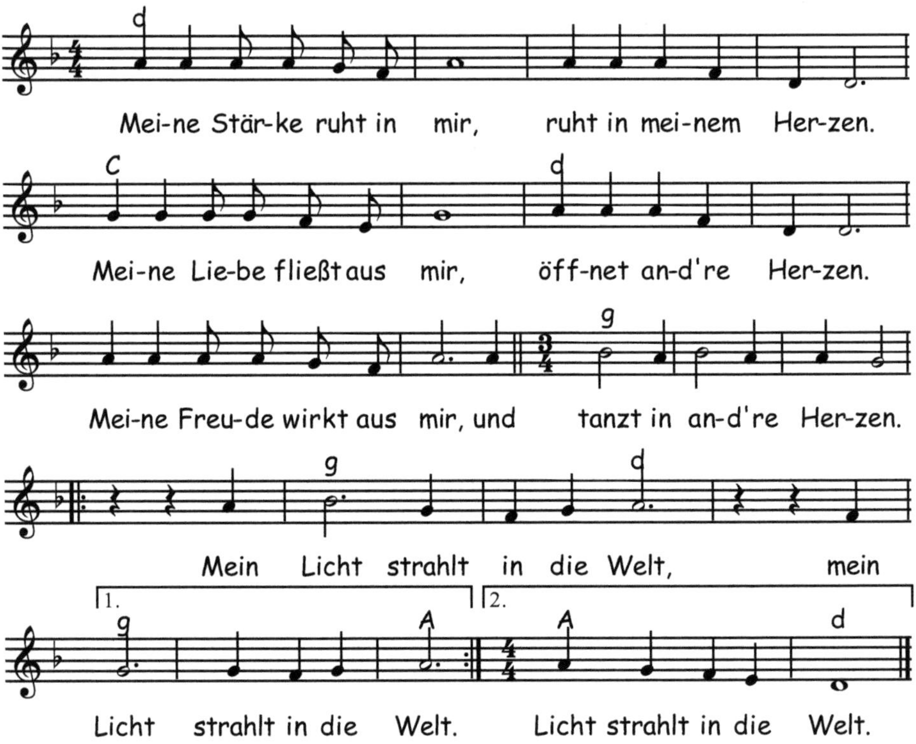
d
Mei-ne Stär-ke ruht in mir, ruht in mei-nem Her-zen.
C
d
Mei-ne Lie-be fließt aus mir, öff-net an-d're Her-zen.
g
Mei-ne Freu-de wirkt aus mir, und tanzt in an-d're Her-zen.
g
d
Mein Licht strahlt in die Welt, mein
1.
2.
g
A
A
d
Licht strahlt in die Welt. Licht strahlt in die Welt.

37 GOTT FÜLLT DAS HERZ

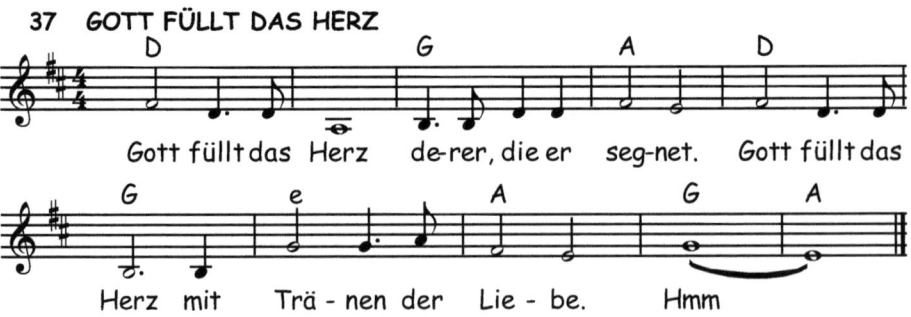

D
G
A
D
Gott füllt das Herz de-rer, die er seg-net. Gott füllt das
G
e
A
G
A
Herz mit Trä - nen der Lie - be. Hmm

Zur Heilung und Stärkung der Kraft

38 BEHIND ALL TEARS

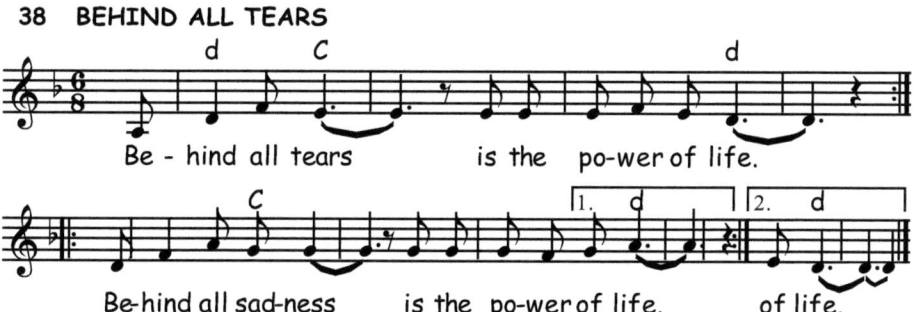

d C d
Be - hind all tears is the po-wer of life.
C 1. d 2. d
Be-hind all sad-ness is the po-wer of life. of life.

39 ÖFFNE DEIN HERZ UND VERTRAUE

d A d g
Öff-ne dein Herz und ver - trau-e, öff-ne dein Herz und ver -
d A d A d g
trau-e dir. Die Lie-be heilt, heilt al-te Wun- den, öff-ne dein
1. d A 2. d A d
Herz, ver - trau - e dir. trau- e - dir.

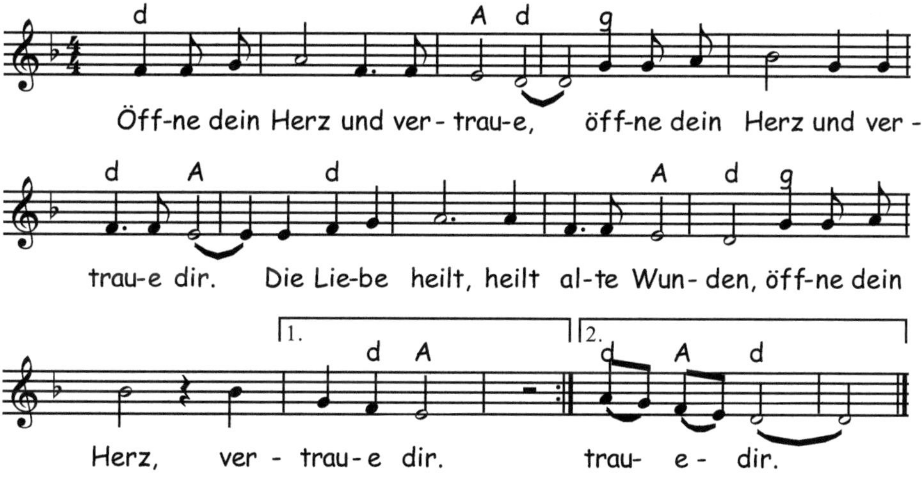

40 EIN LÄCHELN DER LIEBE VERZAUBERT MICH

Ein Lä-cheln der Lie-be ver - zau-bert mich. Ein Lä-cheln der

Lie-be ver-wan-delt mich. Ein Lä-cheln der Lie-be

heilt die gan - ze Welt. Ein Lä - cheln der

Lie - be heilt mein wun - des Herz.

IX Mantras zum Leben im Jetzt

Auf dem Weg zu sein - und was man beachten sollte:

Um im Einklang, in Harmonie mit dem Weg zu leben, muss man sich nicht dauerhaft in die geistige Abgeschiedenheit begeben oder in den Osten reisen, um einen erleuchteten Meister finden.

Unterwegs sein, heißt Neues wahrnehmen, sich damit auseinanderzusetzen, sich daran zu freuen und die eigene Perspektive zu erweitern.

Jeder Tag ist eine Gelegenheit, sich neu einzubringen, und den Tag so bewusst wie möglich zu erleben. Denn je bewusster man lebt, desto lebendiger wird unser Leben.

Immer ist es unsere Einstellung, die dem Tag Leben verleiht. Es ist wichtig, eine freudige innere Einstellung zu pflegen. Was wir tun, sollen wir mit Freude tun. Also genießen wir unseren Weg.

Habe Geduld mit dir selbst und deinen Mitgeschöpfen. Chaos oder Widerstände können eine Quelle für Neues sein. Bleib dir selber und deinen Lebensinhalten treu und mache keine faulen Kompromisse. Stehe zu deiner Wahrheit, egal was alle anderen dazu sagen.

Habe Freude an dir selbst, dann werden andere sich ebenfalls an dir freuen. Dazu meint Buddha: Be a light onto yourself (Sei dir selber ein Licht)!
(Merksätze, die von verschiedenen Autoren stammen)

Sag immer JA zum gegenwärtigen Moment. Was könnte sinnloser, wahnsinniger sein, als innerer Widerstand gegen etwas, was bereits ist?

Was könnte verrückter sein, als dem Leben, das jetzt und immer jetzt ist, Widerstand zu leisten? Gib dich dem hin, was jetzt ist. Sag JA zum Leben - und erkenne, wie das Leben plötzlich für dich arbeitet anstatt gegen dich.

(Eckhart Tolle   „Jetzt! Die Kraft der Gegenwart")

   Eckhart Tolle weist daraufhin, dass ein nach außen gerichtetes Bewusstsein das Denken und die Welt entstehen lässt. Der Gedankenfluss beschäftigt sich fast ausschließlich mit der Vergangenheit oder mit der Zukunft.

Wenn das Bewusstsein jedoch nach innen gerichtet ist, erkennt es seinen Ursprung und kehrt heim ins *Unmanifestierte*. Und der Zugang zu dieser Dimension liegt immer im Jetzt.

Jeder Mensch, der noch eine gewisse Lebendigkeit in sich spürt, hat Zugang zu dieser Dimension, die tiefer als das Denken ist. Kleine Lücken im Gedankenfluss, und der Mensch wird sich bewusst, dass diese Lücke da ist. Je bewusster er sich dessen ist, desto mehr erweitert sich diese Lücke, so dass dann ab und zu Momente kommen, in denen gar keine Gedanken mehr da sind. (Eckhart Tolle)

41 LEBEN IST JETZT

Le-ben ist jetzt, ge-nau in die-sem Au-gen-blick.

Der Him-mel ist hier, in mir, in dir, ist ü-ber-all.

Le-ben ist jetzt, ge-nau in die-sem Au-gen-blick.

Der Him-mel ist hier, in mir, in dir, ist ü-ber-all.

42 LIFE IS SO EASY

4.12.2011 TA: Osho

Life is so ea-sy, when we can en-joy it and ev´-ry mo-ment is

new. Life is so pre - cious, when we can al-low it and

o-pen our heart to flow. flow.

43 LEBE, LEBE HEUTE

Le-be, le-be heu-te, ge - nie-ße die-sen Tag,

le-be, le-be heu-te, was auch kom-men mag.

Mach dir kei-ne Sor-gen, ges-tern ist vor - bei,

Zu-kunft ist erst mor-gen, und heut' bist du doch

frei, und heut' bist du doch frei. Drum:

frei. Ge - nie-ße dies Ge - schenk.

44 SINGE DAS LIED DER LIEBE TA: Osho

Sin-ge das Lied der Lie-be, sin-ge das Lied der Freu-de:

Le-ben ist jetzt, ge - nau in die-sem Au-gen-blick.

Sin-ge das Lied der Lie-be, sin-ge das Lied der Freu-de:

Le-ben ist jetzt, ge - nau in die-sem Au-gen-blick.

45 THE PRESENT MOMENT IS A PRESENT OF LIFE T: Osho

The pre-sent mo-ment is a pre-sent of life. The

pre-sent mo-ment is a pre-sent of life.

I will not wait for to-mor-row ,

will find my luck each mo-ment, yes! each mo-ment, yes.

X   Mantras für die Lebensfreude

Was Lebensfreude ausstrahlt, kann man bei vielen Stammeskulturen lernen. Sie haben ein enorm hohes Maß an Leben und Kultur bewahren können. Dies zeigt die Vielfalt des Tanzes, der Musik, der Lieder. Dies zeigt das ganze Gemeinschaftsleben mit all seiner Spontaneität; und sie besitzen einen tiefen Sinn für die Gemeinschaft mit der Natur.

Wir können von ihnen lernen, wieder zu wagen, unsere Gefühle zu äußern und   mitzuteilen. Wenn wir aber „gesellschaftskonform" unsere Erlebniswelt immer weiter komprimieren auf die Welt der Dinge und ihrer Verwaltung, so werden wir erleben, dass unsere Seele entweicht.

Nach Ansicht mancher „Primitiver" lebt unsere Seele heute schon mehr in einem Fetischgegenstand, z. B. in unserem Auto, als in unserer Brust. Aber irgendwo muss unsere Seele hin, und je weniger wir menschlich miteinander reden, desto sicherer werden die Dinge anfangen, mit uns zu reden und sich mitzuteilen. Deshalb ist es doch besser durch Singen, Tanzen, Lieben und Leben mit seiner Lebensfreude in Kontakt zu bleiben. In irländischen Lebensweisheiten findet man:

Nimm Dir Zeit, um freundlich zu sein, es ist das Tor zum Glücklichsein.
Nimm Dir Zeit, um zu lieben, es ist die wahre Lebensfreude.
Nimm Dir Zeit, um froh zu sein, es ist die Musik der Seele.

Schäme dich niemals. Nimm, was das Leben dir bietet, und versuche aus den Gläsern zu trinken, die vor dir stehen. Alle Weine sollen getrunken werden - von einigen nur ein Schluck. Von anderen die ganze Flasche.
       (Paulo Coelho)

46 LEBE FÜR DIE LIEBE

Le-be für die Lie-be, le-be für die Freu-de, le-be für die Ek -

sta - se. Eh - re dein Le-ben, eh - re dein Le - ben!

47 TANZEN WIR, FEIERN WIR

Tan-zen wir, fei-ern wir, Le-bens-feu-er ist ent facht. Tan-zen
(die Na - tur ist voll er - wacht.)

wir, fei-ern wir, Kör-per - feu - er drängt mit Macht.
Göt-tin DICH in die - ser

Gro - ße Göt-tin, tanz' durch mich. Gro - ße
Nacht.

Göt-tin, lieb' durch mich. mich.

48 JEDEN TAG NEU ZU ENTDECKEN   TA: Thimon von Berlepsch

Je-den Tag neu zu ent - de-cken ver - än-dert die

Welt. Je-der A - tem-zug ist wich-tig. Le - ben im

Jetzt, nur das zählt. nur das zählt.

49 O GROSSE GÖTTIN, DIE ICH VEREHRE

O Gro - ße Göt - tin, die ich ver - eh - re:

Ich bit - te Dich: um Schutz und Si - cher - heit,
Gib mir Le - ben - dig - keit!

Lass mich flie-gen, lass mich schwe-ben! Ich will frei sein,

ich will le - ben!

50 GROSSER GOTT, ICH LIEBE MEIN LEBEN

Gro-ßer Gott, ich lie - be mein Le-ben, denn ich fin-de
Gro-ßer Gott, ich brauch' dei-nen Se-gen für das Gött-li -

dich in mir.
che in mir.
Lie - be, Schön - heit,

Le-bens - freu-de schenkst du mir. schenkst du mir.

51 SINGE, BIS DEINE SEELE FLÜGEL BEKOMMT

Klaus Nagel & Susanne Mössinger

Sin-ge, bis dei-ne See-le Flü-gel be- kommt. Tan-ze, bis dein

Kör-per schwebt. Tromm-le, bis du eins bist mit dem

Herz - schlag der Er - de.

52 BEVOR MEINE TRÄUME VERBLASSEN TA: Martin Hofmair/ Kloster Arenberg

Be - vor mei- ne Träu- me ver - blas - sen, be -

vor mei- ne Träu-me ver - gehn, will ich mein Le-ben

fei - ern, den Him- mel im All- tag sehn:

Will ich le.-ben, will ich lie-ben, will ich le-ben, will ich sein.

le-ben, Son-nen-schein sein, Son-nen-schein sein.

53 MEIN HERZ WILL SINGEN

Mein Herz will sin-gen, vor Freu-de sin-gen, mein

Herz will dan-ken, dass es mich gibt. Und ich will

tan-zen, vor Freu-de tan-zen, und ich will dan-ken,

dass es mich gibt. dass es mich gibt. Ha-re Krish-na

Ha-re, Ha-re Ra-ma Ha-re, Ha-re Ra-ma Ha-re.

Rama (und seine Partnerin/Shakti Sita) stehen für Treue, Zuverlässigkeit,
Geborgenheit und Seriosität.

Krishna (und Radha) stehen für Lebensfreude und Leichtigkeit des Seins.
Krishna soll daran erinnern, dass dieses Leben als ein Akt der Freude gedacht ist
UND uns geschenkt wurde, damit wir es feiern.
Wir sollen unser Herz nicht an materielle Güter heften,
sie aber mit Freude und Dankbarkeit genießen.

XI Mantras für die Liebe in mir

Menschen wollen sich geliebt fühlen, aber wahre Liebe kommt aus dem Inneren. Eine Person, die sich selbst liebt, wird Liebe ausstrahlen und sie auch erhalten. Du kannst nichts anziehen, was du nicht schon hast. Der Magnet haftet nur am Metall.

Der erste Schritt im Heilungsprozess ist getan, wenn man beginnt, sich fürsorglich um sich selbst zu kümmern.   *(Gerald Epstein)*

Traditionelles Navajo-Gebet
Möge es vor mir schön sein.
Möge es hinter mir schön sein.
Möge es unter mir schön sein.
Möge es über mir schön sein.
Möge es überall um mich herum schön sein.
In der Schönheit finde ich neue Kraft.
In der Schönheit finde ich neue Kraft.
In der Schönheit finde ich neue Kraft.
In der Schönheit finde ich neue Kraft.

Eines der Bilder der nordamerikanischen Indianer für das Herz ist eine Brücke zwischen Mutter Erde und Vater Himmel. Dieses Bild zeigt, wie tief und persönlich wir mit dem Planeten unter uns und mit der Transzendenz über uns verbunden sind, und dass in beiden Richtungen Liebe der Schlüssel ist,   (Rachel Harris)

Wenn es uns gelingt, die Liebe in uns zum Leben zu erwecken und allen Menschen mit Liebe und Wohlwollen entgegenzutreten, erfüllen wir eine der wichtigsten Aufgaben des Menschseins, der da lautet, die Welt durch unsere Anwesenheit besser zu machen.
(John Izzo in „Die fünf Geheimnisse, die Sie entdecken sollten, bevor Sie sterben")

54 VERTRAU' IN DIE LIEBE

TA: Paulo Coelho

Ver-trau' in die Lie - be,   die Gro-ße Mut-ter lehrt.

Ver-trau' in die Lie- be,   und das Wun-der wird ge-scheh'n

Wun-der wird ge - scheh'hn.

55 LOVE CAN MAKE ME DANCE

TA: Osho/ Sannyasins

Love   can make me dance.   Love   can make me   high.

Love   can make me   see.   see: Ev'-ry

thing   is   al - right.   Ev' - ry   right.

Liebe lässt mich tanzen und schweben.
Liebe lässt mich erkennen: Alles ist in Ordnung, so wie es ist.

56 BLEIBEN WIRD DIE LIEBE

TA: Paulo Coelho

Blei-ben wird die Lie-be, die al-les be-wegt: Him-mel und Ge -

stir-ne, die Men-schen, die Na - tur. Blei-ben wird die

Lie-be, die uns er - füllt mit Freu-de und mit Angst, mit

Freu-de und mit Angst. Blei-ben wird die Lie-be, die

al - lem ei - nen Sinn ver - leiht.

57 GOTT IST DIE LIEBE

T: Meister Eckart

Gott ist die Lie- be. Wer in der Lie-be wohnt, der wohnt in

Gott und Gott in ihm.

58 ICH GLAUBE, SAGT DIE LIEBE

13.4.2011 T: Internet

Ich glau-be, sagt die Lie-be. Ver-trau-e, sagt die Lie-be. Ich

lie-be, sagt die Lie- be. Komm, sagt die Lie-be in mir.

59 LIEBE IST DIE ANTWORT

TA: Drunvalo

Lie - be ist die Ant - wort auf al - le,
Lie - be ist die Ant - wort seit al - ten,

al - le Fra - gen.

al - ten Ta - gen.

"An-Schein"
So wie der Baum nicht endet
an der Spitze seiner Wurzeln oder seiner Zweige –
So wie der Vogel nicht endet
an seinen Federn und seinem Flug –
So wie die Erde nicht endet
an ihrem höchsten Berg:
So ende auch ich nicht
an meinem Arm, meinem Fuß, meiner Haut,
sondern greife unentwegt nach außen
hinein in allen Raum und alle Zeit
mit meiner Stimme und meinen Gedanken:
denn meine Seele ist das Universum.
(Indianisches Gebet via Rudolf Kaiser)

Wenn du unglücklich bist, dann mache dich daran, irgendetwas für einen anderen zu tun. Solange du auf dich selbst schaust, bleibst du unglücklich. Nur wenn du dich darauf konzentrierst, wie du anderen helfen kannst, wirst du glücklich. Glücklich zu sein ist eine Folge deiner Hilfsbereitschaft und Nächstenliebe.
(Juana in John Izzo „Die fünf Geheimnisse, die Sie entdecken sollten, bevor Sie sterben")

60 IN MEINER SEELE WARTEN MEINE GABEN   TA: Clarissa Pinkola Estés

In mei-ner See-le war-ten mei-ne Ga-ben,   von Gott ge-ge-ben

ganz von An-fang an.   So lebt in mir der Schöp-fer,   so lebt in

mir der Hei-ler,   so lebt in mir die Lie-be,   die Lie-be.

61 IM GARTEN MEINER SEELE

Im   Gar-ten mei-ner   See - le blüht die   Blu - me der

Wahr - heit. Im   Gar - ten mei-ner   See - le blüht die

Lie - be, wohnt, die   Freu - de, lebt die   Kraft

Kraft, lebt die   Kraft.

62 MAY PEACE FILL YOUR SOUL

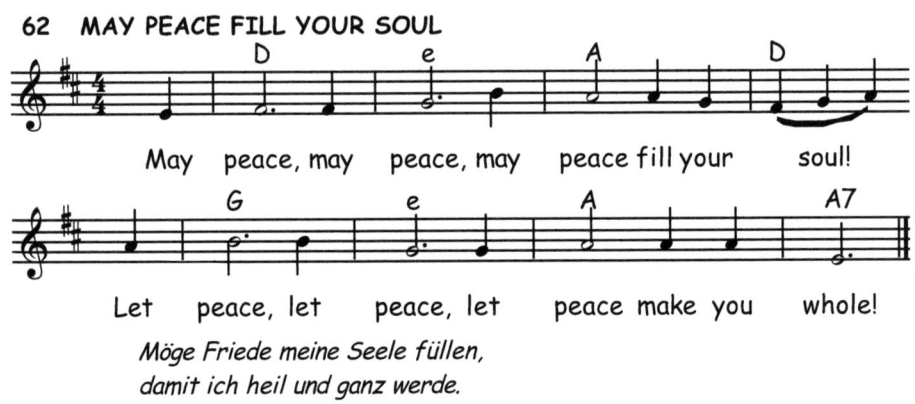

D e A D
May peace, may peace, may peace fill your soul!
G e A A7
Let peace, let peace, let peace make you whole!

Möge Friede meine Seele füllen,
damit ich heil und ganz werde.

63 EIN KLEINES LIED, WIE GEHT'S NUR AN

T: Marie von Ebner-Eschenbach

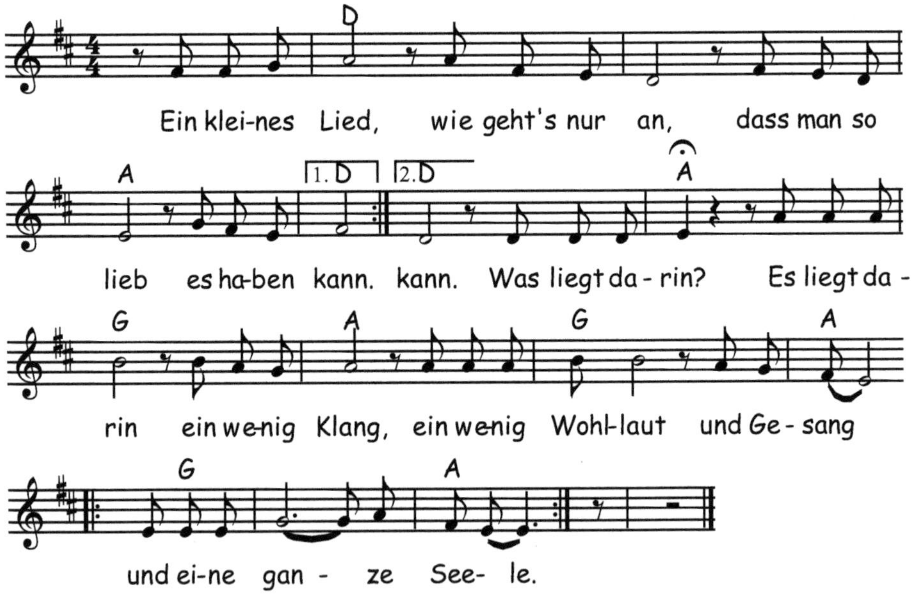
D
Ein klei-nes Lied, wie geht's nur an, dass man so
A 1. D 2. D A
lieb es ha-ben kann. kann. Was liegt da - rin? Es liegt da -
G A G A
rin ein we-nig Klang, ein we-nig Wohl-laut und Ge - sang
G A
und ei-ne gan - ze See- le.

64 THERE IS A PLACE OF BEAUTY

There is a place of beau-ty ,   there is a place of peace in me.

There is a place of har-mo - ny   There is a   light in me.

Es gibt einen Platz der Schönheit und des Friedens in mir.
Es ist ein Platz voller Harmonie. Dort residiert mein Licht (das Göttliche).

65 MEIN HERZ, ES SEHNT SICH NACH FRIEDEN IN MIR

Mein Herz, es sehnt   sich nach Frie-den   in   mir,   denn

dann kommt Frie - den, auch Frie-den zu   dir.   dir.

Sha-lom Sha-lom   Sha-lom Sha-lom   Sha-lom Sha-lom Sha -

lom Sha-lom Sha-lom.   lom Sha-lom Sha-   lom.

66 **TRÄUME, MEINE SEELE**

TA: Carlo Zumstein

Träu - me, mei - ne See - le, und sin - ge mei - nen Traum!

Flie - ge, mei - ne See - le, ver- las - se Zeit und Raum!

Sin - ge, mei - ne See - le, und träum' mein Le - ben mir!

Sin - ge, mei - ne See - le, mei - ne Stim - me geb' ich dir!

Das Meer und der Wind sin - gen mit - - - !

XIII Mantras, um Stille zu finden

Raum für meine Seele
Bei dir allein
kommt meine Seele zur Ruhe
von dir kommt meine Hoffnung.

Ich will nicht mehr außen suchen
was ich mir in meinem Innern schenken
lassen kann.

Meine Unruhe werde ich überwinden
wenn ich wage die Stille auszuhalten
wenn ich lerne
einen neuen Umgang mit mir zu suchen.

Im Dasein
im Ausruhen
im Genießen
im Entdecken
meiner schöpferischen Fähigkeiten.

So kann ich zur Ruhe kommen
hoffend mein Leben durch dich
vertiefen zu lassen
jeden Tag neu.
Nach Psalm 62,6
(Pierre Stutz)

In sich selbst die Stille zu finden ist das wohl größte Geschenk, das ein Mensch im Leben empfangen kann..

Halt ab und zu inne, werde still, geh nach innen, hör zu. Deiner inneren Stimme und auch dem Rat anderer.

Die Stille ist oft „der Ort", wo Gott uns erwartet, damit wir ihn hören können – statt des Geräusches unserer eigenen Stimme.

Die Stille ist in der Lage, im Innersten unserer selbst einen Raum zu schaffen, um dort Gott wohnen zu lassen, damit sein Wort in uns bleibt und die Liebe zu ihm in unserem Geist und unserem Herzen Wurzeln schlägt und unser Leben beseelt." [8]

Durch das Suchen, das vertrauensvolle Beten angesichts der Schwierigkeiten befreit sich der Mensch von seiner Selbstgenügsamkeit, beginnt, seine inneren Ressourcen zu mobilisieren, und erfährt, wie seine gemeinschaftlichen Beziehungen zu den anderen erstarken.

(Benedikt XVI.)

67 IN MEINEM HERZEN BIN ICH STILL

In mei-nem Her-zen bin ich still, dann kom-men

Hei-lung, Licht und Frie- den. Ich werd ge - führt, wie

Gott es will, die Kraft der Freu - de

lässt mich lie - ben.

68 ICH HÖRE AUF DIE STILLE

TA: Angaangaq

Ich hö-re auf die Stil - le und spü-re mein kop-fen-des

Herz. Es klopft: Ich lie-be dich. Es singt: Ich lie-be dich.

69 DEEP PEACE IN ME

Sehr langsam!

Deep peace in me, peace in my soul. Peace! Peace!

70 IN MIR IST EIN RAUM DER STILLE

TA: Anselm Grün

In mir ist ein Raum der Stil- le, in dem wohnt nur Gott al -

lein. Er be-rührt mein Herz mit Lie - be

und lässt mich ganz ru-hig sein. sein. Mein Le-ben ist ein Ge -

schenk, ich sa - ge Dank da - für. Auch im

Tru-bel uns'-rer Zeit dan-ke ich Gott da - für,

dan-ke ich Gott da - für. Mein da - für.

XIV Mantras zum Träumen

Lied der Sterne
Wir sind die Sterne,
wir singen.
Wir singen mit unserem Licht.
Wir sind die Vögel aus Feuer,
wir fliegen über den Himmel
und unser Licht ist eine Stimme.
Wir bahnen einen Weg
für die Seele
auf ihrer Reise durch den Tod.
(Aus dem Indianischen via Rudolf Kaiser)

71 NIMM DIR ZEIT, UM ZU TRÄUMEN

Nimm dir Zeit, um zu träu-men, auf dem Weg zu den

Ster-nen. Nimm dir Zeit, um froh zu sein: es ist der

Weg hin zum Glück Weg, glück-lich zu sein.

72 EIN HERRLICHER TRAUM

Ein herr-li-cher Traum, wir sit-zen im Wel-ten-schiff, wir

fah-ren zu sam - men, ein herr-li-cher Traum Ein

herr-li-cher Traum, ei-ne Welt vol-ler Lie - be, am

Him-mel tanzt die Son - ne, ein herr-li-cher Traum.

73   TRÄUM' ICH AM FEUER   TA: Carlo Zumstein

Träum' ich am Feu-er, träum' ich am Feu-er, fliegt mei-ne See-le

hoch mit dem Rauch.   Hö-re sie sin-gen, in der Fer-ne sin-gen,

ih-re Freu-de sin-gen,   dass es mich gibt.   Ich   gibt.

74   VERWEILE AM FEUER UND SINGE   TA: Carlo Zumstein

Ver- wei-le am Feu-er und sin-ge,   sing' mit dem A-tem des

Win-des.   Win-des.   Sin-ge das Lied von der Ver - söh-nung

mit der Ver-gan-gen-heit.   heit. Sing' auch das Lied von der Ge -

burt   ei - ner neu-en   Zu-kunft.   Zu-kunft.

75 LASST UNS GEMEINSAM TRÄUMEN

TA: Dieter Duhm

75 Lasst uns gemeinsam träumen

Lasst uns ge - mein-sam träu- men von ei - ner

hei-len Welt. Von ei-ner neu-en Er- de und ei-nem

neu - en Him - mel.

76 MEINEN TRÄUMEN BIN ICH TREU

Mei-nen Träu-men bin ich treu, las-se mich von ih-nen lei-ten.

Denn sie wer-den ei-ne Hil-fe sein auch in schwe-ren, schwe-ren

Zei-ten. Ha-re Krish-na, Ha-re Ra-ma, Ha-re Krish-na,

Ha-re Ra-ma, Krish - na, Ra - ma, Ha - ri OM

77 I HAVE A DREAM OF RAINBOW COLOURS

I have a dream   of rain-bow co- lours   shin-ing

out   from the bo-dy and my soul   I have a

dream   that I can   reach you.   I have a

dream   that you can teach me,   how   to touch your

heart, how to touch your heart.   how to touch your heart.

Ich habe einen Traum von den Farben des Regenbogens,
die aus meinem Körper und meiner Seele ausstrahlen.
Ich habe den Traum, dich zu erreichen.
Ich habe den Traum, dass du mich lehrst, wie man dein Herz erreicht.
(Der Regenbogen ist ein Symbol der Verbindung zwischen Himmel und Erde.
Er artikuliert die Hoffnung der Menschen auf eine bessere, friedliche Welt.)

78 ICH WILL TRÄUMEN, MEIN LEBEN TRÄUMEN

Ich will träu-men, mein Le-ben träu-men. Ich will
tan-zen, tan-zen mei-nen Traum. Ich will tan-zen, mein Le-ben
tan-zen, ich will le-ben, le-ben mei-nen Traum.

79 ICH TRÄUME EINE NEUE ERDE

Kapo 2

Ich träu-me ei-ne neu-e Er-de, vol-ler Klar-heit, Lie-be,
Mit-ge-fühl, ei-ne Er-de, wo Na-tur und Men-schen sind
wich-ti-ger als Geld und Macht-ge - wühl.

XV   Zu gemeinsamen Treffen

Es gibt ihn schon, den Weg
In Liebe und im Licht
Er ist schon lang gelegt
Mit Gottes Zuversicht

Vertraue Mutter Erde
und erkenne dich
Die vielen kleinen Pfade,
sie verbinden sich.
So viele sind schon mit dabei
Zusammen geh 'n wir leicht und frei

Wir werden täglich mehr
und nehmen jeden mit
Für alle gibt´s genug,
voll Heilung jeder Schritt.
Und keiner will je mehr zurück
Die Menschheit auf dem Weg ins Glück

(Rainer Gopaldas Wyslich)

80 SINGEN UND MUSIK SCHENKT DER HIMMEL UNS

Kapo 2

Sin-gen und Mu-sik schenkt der Him-mel uns, öff-net un-ser

Herz für die Schön-heit des Le-bens. Dei dei dei dei dei,
Radhe Radhe Rad-he Shyam,

dei dei dei dei dei, dei dei dei dei dei, dei dei dei dei dei,
Sita Sita Si-ta Ram, R R R Sh S S S R

dei dei dei dei dei, dei dei dei dei dei, dei dei dei dei, dei dei dei.
R R R Sh S S S R Ra-dhe Shy-am Si-ta Ram.

81 IN DIESEM KREIS ... HERRSCHT HARMONIE

TA: Drunvalo

In die-sem Kreis, Brü-der und Schwes-tern herrscht Har-mo-nie

herrscht Har-mo - nie. nie. Denn wir wol-len das

Glei - che: Wol - len den Him - mel auf die

Er- de brin- gen, auf die Er- de brin - gen.

82 TAUSENDE VON JAHREN

Tau-sen-de von Jah-ren wird die Drum ge-schla-gen

und klingt in den Her-zen al-ler gu-ten Men- schen.

Ihr Lied heißt Hoff-nung und auch Har-mo-nie.

Ihr Lied heißt Schön-heit, Kre-a-ti-vi-tät.

In den Pausen wird laut und rhythmisch getrommelt

83 LASST DEN KREIS GEÖFFNET SEIN

Rainbow-Lied

Lass den Kreis ge - öff-net sein, a-ber un-ge - bro-chen, die

gött-li-che Lie-be in uns'-ren Her-zen sein. Fro-hes Zu -

sam-men-sein, fro-hes Aus-ein-an-der geh'n und ver-bun- de-nes

Wie-der-seh'n.

XVI Mantras, um zu vertrauen

Vertrauen ist der Glaube tief im Herzen an das Wissen, das auf dem Unsichtbaren gründet. (Ein Sufi-Dichter)

Es gibt harte Zeiten in unserem Leben, in denen uns nichts anderes weiterhelfen kann als unser Vertrauen, sei es unser Vertrauen in andere, in unseren eigenen Entwicklungsprozess oder unser Vertrauen in Gott,

wir müssen Vertrauen haben, dass wir aus harten Zeiten etwas lernen und wachsen können. Wir müssen in uns selbst nach der Stärke suchen, von der wir nicht einmal wussten, dass wir sie besitzen. Und wir müssen nach dem Vertrauen suchen, das uns über das hinaustragen wird, was wir unserer Ansicht nach in der Lage sind zu tun. (R. Harris)

> Denn der Große Geist ist überall;
> Er hört alles, was in unserem Kopf
> und unserem Herzen vor sich geht,
> und es ist nicht nötig,
> mit lauter Stimme zu ihm zu sprechen.   (Black Elk)

Lächle deinem Tag zu
Lass dich heute nicht verkrampfen,
vertrau dem Fluss des Lebens,
der dich verbindet mit all den engagierten Menschen,
die mit Entschiedenheit und Humor mitten im Alltag stehen,

Lass dich nicht leben heute, vertraue deiner Verwurzelung,
die dich daran erinnert, wie seit Jahrhunderten
Frauen und Männer aus der Kraft der Tiefe leben.

Lächle deinem Tag zu, nicht einmal für alle Mal,
sondern immer wieder beim Verweilen im Augenblick.
                    (Pierre Stutz)

84 VERTRAUEN IN GOTT

TA: Andrea Dinkel-Tischendorf

Ver- trau-en in Gott, le - ben-dig im A-tem, sei-ne All-macht

füh-len als wun-der-schö-nes Lied. wun-der-schö-nes Lied.

85 LET'S SEE A WORLD IN A GRAIN OF SAND

TA: William Blake

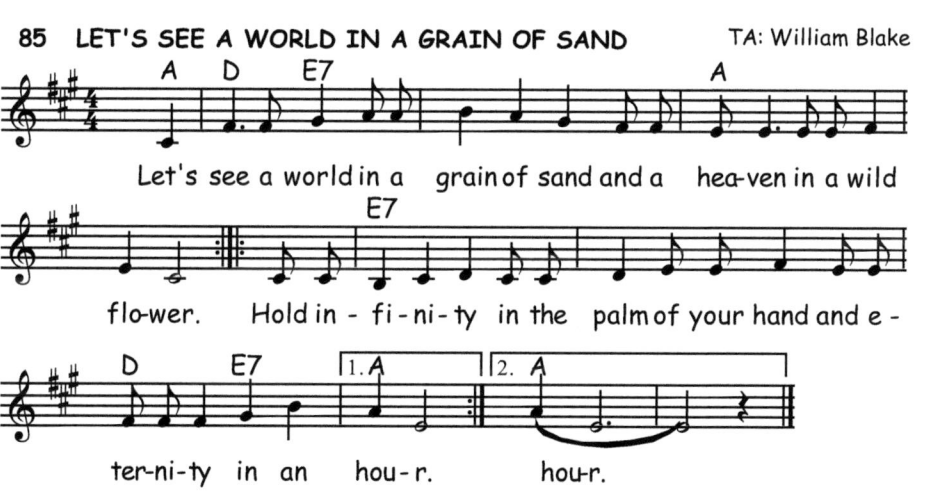

Let's see a world in a grain of sand and a hea-ven in a wild

flo-wer. Hold in - fi - ni - ty in the palm of your hand and e -

ter-ni-ty in an hou-r. hou-r.

Sieh' die Welt in einem Sandkorn und den Himmel in einer Wildblume.
Halte die Unendlichkeit in deiner Handfläche und die Ewigkeit
in einer Stunde.

86 ICH VERTRAUE!

T: Eckard F. Freitag

Ich ver-trau - e! Auf Lie-be, Har-mo-nie, Ge - sund-heit

und Er-folg, auf Lie-be, Har-mo-nie, Ge - sund-heit und Er - folg.

87 VERTRAUEN, VERTRAUEN

Ver-trau - en, Ver-trau- en, Ver-trau - en, Ver-trau- en.

Ver - trau-e dei-ner Fül-le und Au-then-ti - zi - tät. Ver -

trau - e dei-ner Füh-rung, Her-zens-qua - li - tät.

88 VERTRAUEN UND OFFENHEIT

Ver - trau-en und Of-fen - heit ver - bin-det die Her- zen.

Gott in mir, Gott in dir.

XVII Mantras zum Verzeihen und Versöhnen

Ohne Vergebung gibt es keine Zukunft. (Desmond Tutu)

Vergebung ist eine Geisteshaltung, die uns befreit und dadurch
befähigt, unsere Weisheit einzufordern. Häufig fällt es uns schwerer,
uns selbst zu vergeben als anderen.
Indem wir uns selbst und anderen vergeben, ebnen wir den Weg für die
Entsühnung, um wieder eins zu werden mit dem Schöpfer und allen
Menschen.
Im hawaiianischen Vergebungsritual Ho'oponopono hat Ulrich Emil
Duprée einen – neben christlicher Lehre und Hinduismus – weiteren
Schlüssel, der Türen zur Vergebung öffnet, gefunden:
Beschützt in der Abgeschiedenheit einer kleinen Inselgruppe inmitten
des Ozeans des Friedens hat eine einfache, aber sehr wirkungsvolle
Methode die Zeiten überdauert, das Ho'oponopono, eine geistig-
spirituelle Reinigungsmethode, eine Reinigung von Ängsten und Sorgen,
von destruktiven Verhaltensmustern und Paradigmen, die unserer
persönlichen und spirituellen Entwicklung entgegenstehen. Das Zentrum
der Methode sind folgenden vier Sätze:
Es tut mir leid. Bitte verzeihe mir. Ich liebe dich. Danke.

Mir verzeihen können
Mich versöhnen mit mir selbst heißt, mir verzeihen können. Dies wird nur
möglich, wenn ich auch vor mir nicht perfekt sein muss und mir
eingestehe, dass Fehler, Scheitern, Widersprüchlichkeiten zu meinem
Leben gehören. Je mehr ich auch vor anderen zu meinen Grenzen stehen
kann, umso besser können sie damit umgehen. Dadurch geschieht
Verwandlung: wenn ich zu meinem „Mist" steh und darüber rede, ihn
„hinaustrage", um mit mehr Distanz ihn anzusehen, damit ich sogar daran
wachsen und reifen kann.

(Pierre Stutz)

89 VERSÖHN' DICH MIT DEM LEBEN

Ver-söhn' dich mit dem Le-ben, um glück- lich zu sein.

Le-ben, ver - trau - e, ha-be Mut!

90 HO' O PO NO PO NO

Kapo 2

I'm sor-ry, please for - give me. Thank you for I love you.

Ho' o po no po no Ho' o po no po no no po no

Hawaiianisches Selbstheilungslied: Ich verzeihe mir. Jetzt rücke ich etwas zurecht, damit ich zukünftig einen besseren Weg nehmen kann, um wieder in den energetischen Fluss zu kommen.

Es tut mir Leid. Bitte verzeihe mir.
Ich liebe dich, so wie du bist. Ich respektiere das Göttliche in dir.
Ich danke Gott und den Engeln für die Transformation meines Anliegens.

91 WHEN I SMILE THE ANGELS SING

M: George Bizet

1. When I smile the an-gels sing, hea-ven is near and

God lives in me. God lives in me. God is here and o-pens my

heart, gives me po-wer and shel-ters me. shel - ters me.

92 ES IST NIE ZU SPÄT

Es ist nie zu spät, sich dem Licht zu öff-nen. Es ist nie zu spät,

sich zu ver-söh-nen. Es ist nie zu spät, wie-der zu lie-ben.

Es ist nie zu spät, glück - lich zu sein.

93 GROSSER GOTT, FÜLLE MEIN HERZ MIT GÜTE

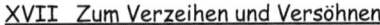

T: Phil Bosmans

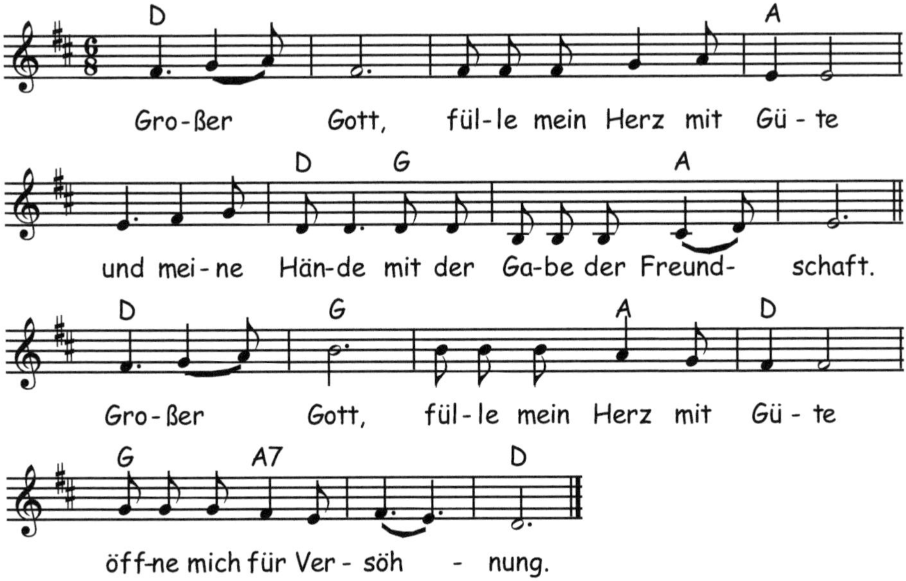

D A
Gro-ßer Gott, fül-le mein Herz mit Gü - te
D G A
und mei-ne Hän-de mit der Ga-be der Freund- schaft.
D G A D
Gro-ßer Gott, fül-le mein Herz mit Gü - te
G A7 D
öff-ne mich für Ver - söh - nung.

94 SCHAU ICH ÜBER DIE MAUER

TA: Phil Bosmans und Hildegard Böhmer

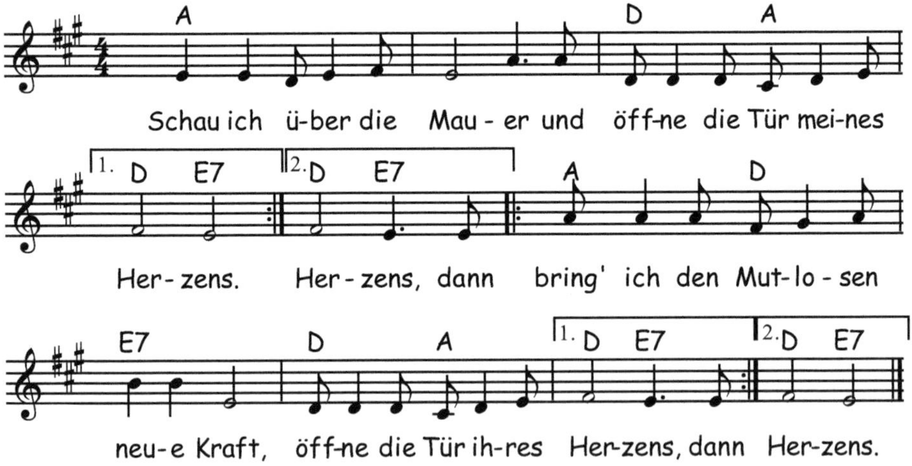

A D A
Schau ich ü-ber die Mau - er und öff-ne die Tür mei-nes
1. D E7 2. D E7 A D
Her- zens. Her - zens, dann bring' ich den Mut- lo - sen
E7 D A 1. D E7 2. D E7
neu-e Kraft, öff-ne die Tür ih-res Her-zens, dann Her-zens.

XVIII Mantras für Mutter Erde bzw. zur Anrufung der Erdmutter

Die früheren naturverbundenen Kulturen verehrten die Erde selbst als Göttin, als eine Leben spendende, mal wütende, mal liebende, mal ärgerliche große Mutter. In einem späteren Stadium ging der Fokus weg von der Mutter hin zum Vater. Nomadisierende Kulturen, die männliche Himmelsgötter verehrten, unterwarfen die großen Agrarkulturen, die noch die große Göttin als Lebensquelle verehrten. Manchmal gelang es, Gott und Göttin miteinander zu verheiraten.

Oft wurde die Göttin einfach unterdrückt. In unserer Schöpfungsgeschichte zeigt sich das bei Eva, die eigentlich die Symbole der Muttergöttin repräsentiert - der Baum der Erkenntnis und die Schlange der Weisheit, doch in dieser Geschichte werden diese heiligen positiven Symbole zu negativen teuflischen Symbolen entwertet. Und aus der Muttergöttin wird eine sterbliche Frau, die Gottes Befehl missachtet und einen Haufen Probleme in die Welt bringt.

Bei diesem kulturellen Wandel tauchen immer wieder männliche Götter auf, die außerhalb der Natur angesiedelt sind. In den drei monotheistischen Religionen schrumpfte die Akzeptation des weiblichen Schöpfungsanteiles total. Unser Kulturkreis überging, dass der Göttlichen Mutter eine gleichrangige Bedeutung als Schöpferin zustand wie Gott Vater. Doch in den letzten Jahrzehnten trat ein Wandel ein, indem man der „Göttin" immer mehr den ihr zustehenden Respekt zollte.

Fazit: Die Völker, welche Mutter Erde ehren, sind sehr spirituell. All die Dinge, all die Plätze, alles Lebendige, was sie verehren, spiegelt den ursprünglichen Kampf dieser Kulturen ums Überleben wider. Und sie zeigen eine Philosophie auf, was Mutter Erde und ihren Geschöpfen gut tut.

Deshalb neigen sich immer mehr Menschen dem Animismus zu, denn dieser stellt keine (längst überwunden geglaubte) Periode des menschlichen Denkens dar, sondern eine Struktur des Denkens, die nicht an eine Zeit gebunden ist.

Sie fühlen sich ahnungsvoll den Mitgeschöpfen und der Welt näher. Sie spüren, dass eine allseits beseelte Welt dem Menschen sicherlich eher Heimat sein kann als eine allseits entseelte Welt.

95 GAIA, GAIA, MUTTER ERDE, GAIA

Gai-a, Gai-a, Mut-ter Er-de, Gai-a. Gai-a, Gai-a,

du trägst uns. A-hu A-hu A - hu A - hu. A -
2) du nährst uns.
3) du liebst uns.
4) du heilst uns. 5) Wir danken Dir.

hu A - hu A - hu A - hu. A - hu.

96 DU MUTTER ERDE, HÖRE MICH TROMMELN

1) Du Mut-ter Er - de, hö - re mich trom-meln!
2) Du Mut-ter Er - de, Du bist der Hei - ler,
3) Du Mut-ter Er - de, stär - ke mein Le - ben!
4) NUR TROM - MELN

1) Du Mut-ter Er - de, hö - re mein Lied!
2) Du Mut-ter Er - de, hei - le mein Leid!
3) Du Mut-ter Er - de, stärk' mei - ne Kraft!
4) NUR TROM - MELN

97 GLAUBE AN DIE SCHÖNHEIT

TA: Sun Bear

Glau-be an die Schön-heit, Mut-ter Er-de ist voll Schön-heit

ü - ber- all. Glau-be an die Lie-be, Mut-ter Er-de,

Va - ter Him - mel lie - ben dich.

98 PACHAMAMA, GODDESS OF EARTH

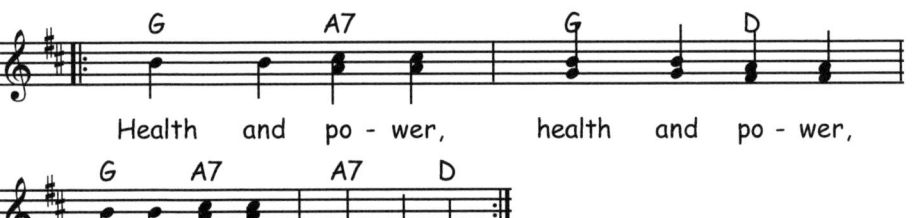

Pa-cha-ma-ma, Pa-cha-ma-ma, God-dess of Earth, bless my life.

Health and po - wer, health and po - wer,

Pa-cha -ma-ma, bless my life.

99 PACHAMAMA AHU AHU

T: Traditionell

Pa-cha-ma-ma, Pa-cha-ma-ma, Pa-cha-ma-ma, Pa-cha-

ma - ma! A - hu, a - hu, a - hu, a-hu!

Anrufung der Erdmutter (bei den Indios in den Anden)

100 SING' MIT MIR DAS LIED DER ERDE

Refrain: Sing' mit mir das Lied der Er - de, sing' mit mir das

Lied der Er - de: 1) Al-les, was lebt, ist ihr Lied,

al-les, was stirbt, ist ihr Lied. 2) Und auch der Wind, der da

weht, ist ein Er - den - , ist ein Er - den - lied.

3) All ih-re Lie-der will sie sin-gen, all ih-re Lie-der will sie sin-gen.

T: Lied der Wildrose (Sioux-Indianerin) via Margit Scheidler

101 THE RIVER IS FLOWING

Diana Hildebrand-Hull

The ri-ver is flow- ing, flow-ing and grow- ing, the ri-ver is

flow- ing back to the sea. Mo-ther Earth is carr(y)-ing me, a

child I will al-ways be. Mo-ther Earth is carr(y)-ing me

back to the sea.

Unser Leben wird mit einem Fluss verglichen. Aus dem Bächlein entsteht ein
tiefer, breiter Strom, den nichts mehr aufhalten kann, um den Ozean zu erreichen.
Wir sollten uns im eigenen Interesse dem Fluss des Lebens anvertrauen,
d. h. wir sollten im Einklang mit den göttlichen Gesetzen unseren Weg gehen.
Dadurch werden wir von der Strömung mitgetragen und alles wird leichter.
Wenn wir uns gegen den göttlichen Fluss der Lebensenergie stellen,
entscheiden wir uns für Schwierigkeiten, so dass wir Leid und Schmerzen erfahren.
Unser freier Willen lässt uns die Wahl, uns langsam oder schnell dem Ozean
zu nähern, wo die Weite und Tiefe Gottes zu finden ist.

XIX Mantras zur Ehrung der Elemente

Gebet für die Erde, Elementar- und Naturwelt

Lieber Gott, wir bitten für unsere Erde. Sie ist verunreinigt durch den Missbrauch, den wir Menschen mit der Natur betrieben haben. Durch die Zerstörung der Wälder, durch die Verunreinigung der Gewässer und durch den Abfall unseres Wohlstandes, den wir über die Erde verstreuten, haben wir großen Schaden verursacht, von der Luftverschmutzung ganz zu schweigen. Und dies geschieht alles wegen des sogenannten Fortschritts. Wir bitten um Verzeihung bei allen Wesen, deren Hinweise, die wir nicht beachtet haben.

Ihr lieben Wesen, nehmt uns an der Hand und zeigt uns die Schönheiten der Natur- und Elementarwelt, dass wir Kraft erhalten und eure Weisungen empfangen. Wir danken euch. Helft uns, dass wir den göttlichen Plan in unserem Herzen und uns als vollkommene Menschen erkennen können. Wir wissen auch, dass unsere Erde noch großen Wandlungen unterworfen ist.

So bitten wir alle Naturwesen, dass die Eingriffe für uns Menschen nicht zu schmerzhaft werden. Wir bemühen uns, noch viele Menschen anzuregen, mitzuhelfen, denn die Elementar- und Naturwelt hat Anspruch auf Wiedergutmachung und Reinigung dessen, was wir Menschen verursacht haben. Es ist die Pflicht eines jeden Menschen, mitzuhelfen, damit eine schöne, reine, saubere Erde wieder entstehen kann, ein Paradies, das sie früher einmal war.   Amen   (Ewald Neff)

Wakan Tanka spricht zu mir
Nicht durch die menschlichen Gedanken,
festgehalten auf den Seiten eines Buches.
Er schreibt nicht Worte, nicht Credo, nicht Dogma,
um mich zu binden an einen Klan.
Im Flug der Vögel auf ihrem Zug
In Länder, unerreichbar meinem Auge,
in Bäumen, die wurzeln und gelassen
aufwachsen zu ihrer ganzen Größe,
in Blumen, deren Blüten
solch zarten Duft in sich bewahren,
und durch jedes Tier,
das seinen Sinn in sich begreift,
im Aufsteigen der Sonne zur Morgendämmerung,
kündend von einem neuen Beginn,
in der Mondin, die Flut und Ebbe
der Gezeiten in ihren Händen hält,
in Venus, Jupiter und Mars,
und den Sternen, die sein Gefolge sind,
in allem, was da atmet
und sich bewegt
und kriecht
und fliegt
und steht,
spricht Wakan Tanka zu mir.
(Kenneth Meadows in Buzzi)

Wakan Tanka ist bei Sioux-Indianern die höchste Energie, ist die
oberste Quelle der Kraft. Er ist der Schöpfer, der alles im Universum
und auf der Erde erschaffen hat. Er ist das große Geheimnis, er ist alles
in einem.

Lied der Erde

Ich bin von der Erde. Sie ist meine Mutter.
Sie gebar mich mit Stolz. Sie zog mich auf mit Liebe.
Sie wiegte mich am Abend. Sie schob den Wind herbei und ließ ihn
singen.
Sie errichtete mir ein Haus aus harmonischen Farben.
Sie nährte mich mit den Früchten ihrer Felder.
Sie belohnte mich mit der Erinnerung an ihr Lächeln.
Sie bestrafte mich mit dem Dahinschwinden der Zeit.
Und am Ende, wenn ich mich danach sehne fortzugehen,
wird sie mich umarmen für alle Ewigkeit.
(Aus dem Indianischen via Rudolf Kaiser)

Berührt werden

Ich wünsche dir die Berührung des Wassers,
ein Eintauchen in das Meer der Hoffnung,
das dich zum Teilen beglückt.

Ich wünsche dir die Berührung der Luft,
ein Beflügeltsein zur Weite,
das dich zur Toleranz bewegt.

Ich wünsche dir die Berührung der Erde,
ein Verwurzeltsein in Beziehung,
das deine Ohnmacht verwandelt.

Ich wünsche dir die Berührung des Feuers,
eine leidenschaftliche Kreativität,
die mit anderen Kultur fördert.
(Pierre Stutz)

102   I HAVE POWER OF MOON   TA: Keltisches Heilungsgebet

1) I have po-wer of moon, po-wer of sun, I have po-wer in me,
2) I have po-wer of earth, po-wer of air, I have po-wer in me,

po-wer of stars,   po-wer of pla-nets have I.   I be-lieve
po-wer of sea,   po-wer of fi- re have I.

in my life.

Ich habe die Kraft von Mond und Sonne in mir.

Ich habe die Kraft der Sterne und der Planeten in mir.

Ich habe die Kraft der Elemente Erde, Luft, Wasser und Feuer.

Ich habe Vertrauen in mein Leben.

Unsere keltischen Vorfahren waren überzeugt davon, dass die Energie der Elemente zu unserem Heil/ unserer Heilung eingesetzt werden kann.

103 SALA LEO SALA LEIHRIDA

Aus Afrika

Sa - la   le - o   Sa - la   Lei - hri - da.

Sa - la   lei   Ma - ma   de - lo   Sa - la   Lei - hri - da.

Afrikanisches Lied zur Verehrung der 4 Elemente

104 HEYO ERDE, WASSER, FEUER, LUFT

M: Sala leo

He - yo   Er - de,   Was - ser,   Feu - er,   Luft.

Ich bin   Er - de, ich bin Was - ser, ich bin   Feu - er, ich bin Luft.

105 DIE KRAFT DES STURMES SEI DEIN

Keltisches
Beschwörungsgebet

1) Die Kraft des Stur - mes sei   dein!   Die   Kraft des Mon - des sei
2) Die Güte des Mee - res sei   dein!   Die   Güte der Er - de sei

dein!   Die   Kraft der Son - ne!   Des Him - mels Kräf - te be -
dein!   Die   Güte des Him - mels!

schüt - zen dich, des   Him - mels Kräf - te, sie   hei - len dich!

106 BROTHER, BROTHER WIND

TA: Sun Bear

Bro-ther, bro-ther wind   wakes me up. bro-ther, bro-ther wind

speaks with me, bro-ther, bro-ther wind   gives me po-wer cre -

at- ing and liv-ing in   har-mo-ny - .

Mein Bruder, der Wind, weckt mich auf und spricht mit mir.
Mein Bruder, der Wind, gibt mir die Kraft,
Schöpfer zu sein und in Harmonie zu leben.

XX   Mantras zur Ehrung von Sonne und Feuer

Die Sonne

Die Sonne, das Licht der Welt,
ich höre sie kommen,
ich sehe ihr Gesicht,
wie sie kommt,
sie macht die Geschöpfe auf Erden glücklich,
und sie erfreuen sich.
Ich gebe dir alles, Wakan Tanka,
sei gnädig mit uns.
(Indianisches Gebet via Rudolf Kaiser)

107 SOMMERGEISTER, SPRINGT MIT MIR

Zur Sommersonnenwende

Kapo 2

Som-mer-gei-ster, springt mit mir, springt mit ü-ber das Feu - er.

Som-mer-geis-ter, weis - sa-get mir, weis - sagt mir aus dem Feu er.

Mei-ne Sor-gen und mei-nen Schmerz ge - be ich in das Feu - er.

Mei-ne Wün-sche und mei-nen Traum tanz' ich in das Feu - er Feu - er.

108 FEUERGEIST, BRENN' IN MIR

Feu-er-geist, brenn' in mir!   Bren-ne,   Feu-er-geist!
Feu-er-geist, sing' in mir!   Sin-ge,   Feu-er-geist!
Feu-er-geist, tanz' in mir!   Tan-ze,   Feu-er-geist!
Feu-er-geist, wirk' in mir!   Wir-ke,   Feu-er-geist!

Hei-le, Feu-er,   heil' mein Herz!   Hei-le Feu-er, ver -

bren-ne mei-nen Schmerz!

109 HE FEUER, HE FEUER

He, Feu-er, he, Feu-er, he, du brennst in mir, Feu-er.
Ich, Feu-er, ich, Feu-er, ich tanz' heut um dich, Feu-er.
Du, Feu-er, du, Feu-er, du nimmst Sor-gen auf, Feu-er.

He, Feu-er, he, Feu-er, ich ge-hör' zu dir.
Ich, Feu-er, ich, Feu-er, tanz' den Hei-lungs-tanz.
Du, Feu-er, du, Feu-er, du ver-wan-delst mich.

110 WE BELONG TO THE SUN

We be-long to the sun, we be-long to the light,
we be-long. We are thoughts of God. We be-
long to the moon, we be-long to the night,
we be-long. We are part of all.

Wir gehören zur Sonne und gehören zum Licht. Wir sind Gottes Gedanken.
Wir gehören zum Mond und gehören zur Nacht. Wir sind Teil des Ganzen.

111 GOATE LENO LENO MAHOTE

Kapo 2 *Indianisch*

Go-a-te Le-no Le-no Ma-ho-te Hay ya no Hay ya no
Hay ya no We are one with the in-fi-nite sun. For-
e-ver, for-e-ver, for - e - ver.

Wir sind für immer eins mit der unendlichen Sonne
(und sind damit Teil des Universums).

XXI Mantras für Weihnachten

Die weihnachtlichen Geschichten des Christuskindes sind zeitlose
Erinnerungen an das wahre Licht des Herzens: Mitgefühl und Vergebung.
Weihnachten ist aus den Wintersonnwendfeiern hervorgegangen, also
aus erd-gebundenen Ritualen eines der keltischen Jahreszeitenfeste.

Angeführt vom Nordstern und dem Erzengel Michael ,
laden uns die großen Lichterfeste –
Wintersonnenwende, Chanukka und Weihnachten –
ein, uns zusammenzuscharen
und Zeugen zu werden der Geburt der Liebe,
die sich in jedem von uns ereignet.
Die Erde dreht sich,
und ein Mantel des Friedens
legt sich unendlich sanft über das Land
und segnet alle Geschöpfe, große wie kleine.
(Joan Borysenko)

XXI Für Weihnachten

Ein Lied zur Winter-Sonnenwende. Vor 2000 Jahren wurde das Weihnachtsfest - beim Zusammenstellen der Bibel - bewusst in die Nähe dieses Datums gestellt.

112 ONE PLANET IS TURNING

Autor unbekannt

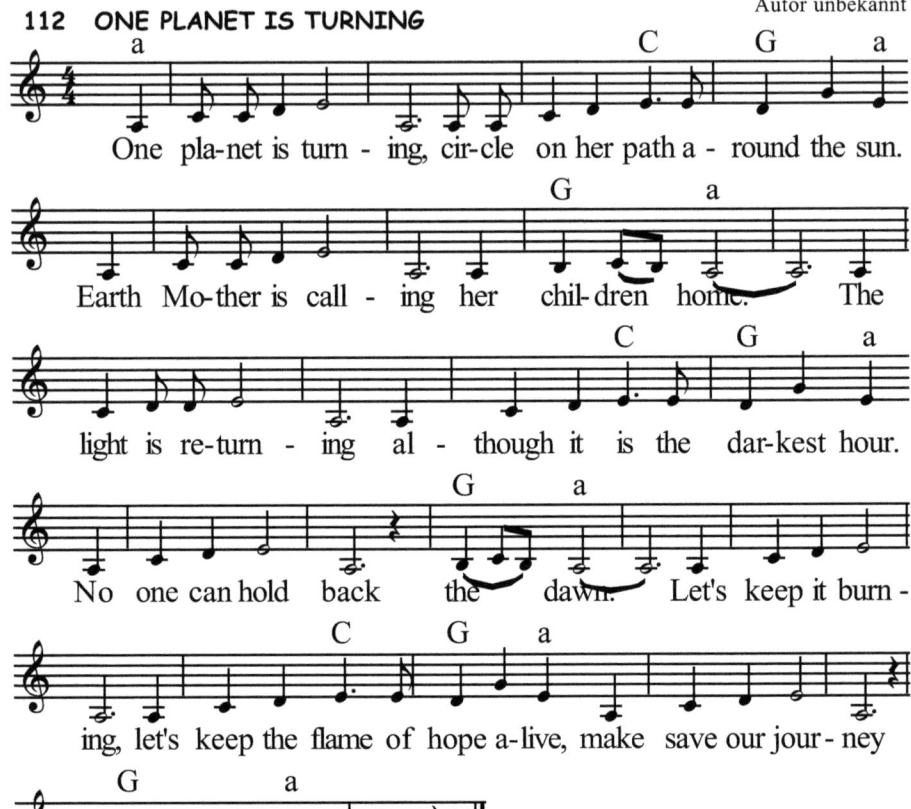

One pla-net is turn - ing, cir-cle on her path a - round the sun.
Earth Mo-ther is call - ing her chil-dren home. The
light is re-turn - ing al - though it is the dar-kest hour.
No one can hold back the dawn. Let's keep it burn -
ing, let's keep the flame of hope a-live, make save our jour - ney
through the storm.

Ein Planet dreht sich auf seinem Weg um die Sonne herum.
Mutter Erde ruft ihre Kinder zurück nach Hause.
Das Licht kehrt zurück, obwohl dies die dunkelste Stunde ist.
Keiner kann die Morgendämmerung zurückhalten.
Lass' es weiter brennen, lass' uns die Flamme der Hoffnung am Leben erhalten.
Mache unsere Reise durch den Sturm sicher.

113 WEIHNACHT ÜBERALL

Weih- nacht ü-ber- all,   auch in mei-nem Her-zen. Ge -

burt   des neu-en Lichts, Ge - burt   des Lich-ter - kinds.

Schon in   al - ter Zeit   wird das Licht er - sehnt,
Ho - rus wird ge-bor'n,   I - sis sei ge-dankt.
Und auch Rhi - an - non ge-biert den Pry - de - ri.

und ein gött - lich Kind be - siegt die Dun - kel - heit.
Und Per - se - pho - ne   , Dank an De - me - ter.
Un - ser Je - sus - kind   ist Ma - ri - as Sohn.

114   HEUT IN DIESER NACHT (JUL-LIED)

M: Aus Bolivien

Heut in die-ser Nacht   steigt das Licht her - ab

und im Schoß der Nacht   wird es neu ge - bor'n.

Heut in die-ser   Nacht   steigt das Licht her - ab

und im Schoß der Nacht   wird es neu ge - bor'n.

Al-les, was be - drückt, le-gen wir heut ab,   öff-nen so den

Zu-gang   für das Son-nen - kind in   uns.

115 COME AND DANCE (JUL - LIED)

T: Autor unbekannt

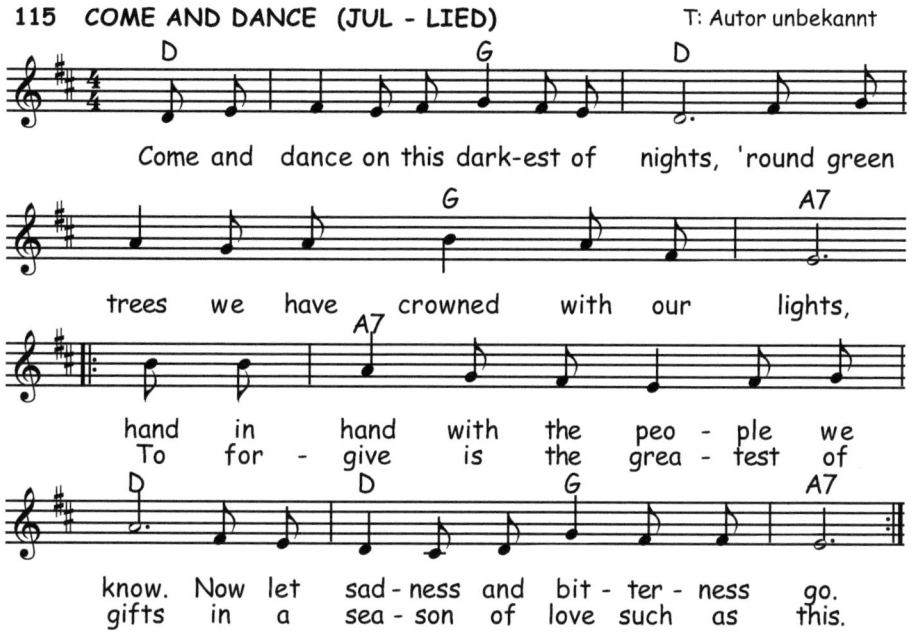

Come and dance on this dark-est of nights, 'round green

trees   we   have   crowned   with   our   lights,

hand   in   hand   with   the   peo - ple   we
To   for - give   is   the   grea - test   of

know. Now let   sad - ness and bit - ter - ness   go.
gifts   in   a   sea - son   of love such   as   this.

Kommt und tanzt in der dunkelsten Nacht um grüne Bäume im Lichterglanz.
Hand in Hand mit Menschen, die wir mögen. Lasst allen Kummer gehen.
Zu vergeben ist das Größte, was man tun kann in solch einer Zeit voller Liebe.

116 NEUES JAHR, SEI GEGRÜSST

Neu-es Jahr, sei ge - grüßt! Neu-es Jahr! Mach mich flink,

mach mich stark! Bring mir Licht,   bring mir Glück!

Schluss

Bring uns Glück!

4 Handbewegungen: 1) hoch 2) zum Herz
3) hoch 4) zum Herz

"stark" im Sinne von "großzügig im Herzen"

XXII Mantras zur universellen Quelle

Obwohl Gott, zu dem wir singen, in allen Glaubenssystemen
unterschiedliche Namen hat, handelt es sich bei ihm immer um die
gleiche Quelle der Liebe, des Lichts oder der Weisheit. Gott, egal wie er
genannt wird, ist der Ursprung des Universums. Er ist der Ursprung alles
Guten, Schönen und Wahren.
Unsere bekannten Glaubenssysteme – ob Christentum oder Hinduismus
usw., so unterschiedlich sie auch sind – stammen aus einer einzigen
Quelle.
Wir singen nicht zu irgendwelchen Göttern im Außen, sondern wir öffnen
unsere Herzen den eigenen göttlichen, inneren Kräften. Wir singen zum
einzigen Gott, den es gibt, und den findet man nur in sich selbst.

117 THY LIGHT IS IN ALL FORMS

Traditionell

Thy light is in all forms, Thy love in all be-ings. Thy be-ings.

Hu Al - lah, Hu Al - lah, Hu Al - lah, Hu.

Sufi-Lied: Gott ist groß. Sein Licht ist in allen Dingen und Wesen.

118 ALL THIS LIFE IS A MIRACLE

Gopaldas Wyslich

All this life is a mi-rac-le, ev'-ry mo-ment is new.

All this world is a mi-rac-le, all is com-ing from you. you.

We give thanks for be-ing part of your in-fi-ni-ty, we give

thanks for be-ing part of your love.

119 WE ARE OPENING UP

Rainbow-Lied

We are o-pen-ing up in sweet sur-ren-der to the lu-mi-nous love-light

of the one. We are o-pen-ing, we are o - pen - ing.

120 I AM ONE WITH THE HEART OF THE MOTHER

Michael Stillwater

I am one with the heart of the Mo-ther, I am one with the

heart of love I am one with the heart of the fa-ther,

I am one with God. A - ve Ma - ri - a,

Ky - ri - e e - lei - i - son.

Das Göttliche ist weiblich und männlich

XXIII Mantras für die göttliche Mutter

Religionen sind durch männliche Vorstellungen vom Göttlichen charakterisiert. Unser Kulturkreis sieht Gott Vater als den Schöpfer und All-Einen an. Dies stimmt aber nur bedingt, da der Großen Göttin als Mitschöpferin eine gleichrangige Bedeutung zusteht. Inzwischen ist bewiesen, dass die höchsten schöpferischen Gottheiten der Vorgeschichte durchwegs weiblich waren, und dass jede monotheistische Religion ihre Wurzeln in einer alten Urreligion hat.

Die Idee der Muttergöttin basiert auf der Vorstellung einer weiblichen Gottheit, welche das Universum mit seinen Gesetzen geschaffen hat, welche die Macht hatte, über Natur, Schicksal, Zeit, Liebe, Geburt oder Tod, über den Boden und seine Bewohner (menschliche, tierische, pflanzliche, aber auch ggf. deren innewohnenden Geister) zu gebieten. Sie ist zuständig für die Fruchtbarkeit der Pflanzen, häufig auch der Tiere und damit entscheidend für das Wohlergehen der Menschen. Das Bild der Göttin, die der Natur innewohnt, fördert die Ehrfurcht vor der Heiligkeit alles Lebendigen.

Maria hat bei Christen jahrhundertelang einen hohen Stellenwert besessen, obwohl die Väter der christlichen Kirche, die „Schöpfer des Neuen Testaments" ihrer Verehrung großen Widerstand entgegengesetzt hatten, weil sie sich im Klaren waren, dass Maria aus einer Mischung verschiedener althergebrachter Göttinnen bestand: **Ishtar, Isis, Aphrodite, Juno, Artemis oder Hera**, um nur einige der bekanntesten Versionen der Großen Göttin zu nennen.

121   UMA PARVATI MA　　　　　　　　　　　Traditionell aus Indien

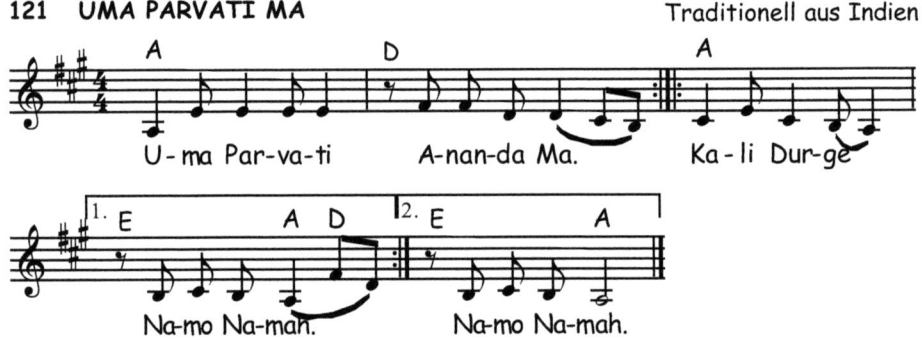

U-ma Par-va-ti　　A-nan-da Ma.　　Ka-li Dur-ge

Na-mo Na-mah.　　Na-mo Na-mah.

Ich verehre die göttliche Mutter in all ihren Formen und Heilweisen.

So darf mich Parvati, deren "Heimat" der Himalaya ist, zu Fernreisen locken.
Kali darf mich erfreuen mit neuer Leidenschaft und Kraft.
Durga darf mich beschützen, indem sie mir rechtzeitig die Augen öffnet,
so dass ich keinem weiteren Burnout erliege.

122   JAYA JAYA DEVI MATA　　　　　　　　Traditionell aus Indien

Ja-ya Ja-ya De-vi Ma-ta Nam - a - ha.

Ja-ya Ja-ya De-vi Ma-ta Nam - a - ha.

Ich verehre die Göttliche Mutter.

123 OM KALI OM MATA

Traditionell aus Indien

OM Ka - li OM Ma - ta   Dur-ge De-vi Na-mo Nam-a-ha.

Shak-ti Kun-da-li - ni   Ja-ga-dam-be Ma-ta.

Shak - ti Kun - da - li - ni   Ja - ga - dam - be Ma - ta.

Ehre sei Kali, Ehre sei der Großen Mutter, dem Ursprung allen Lebens.
Wecke meine weibliche Kraft (= Shakti kundalini), große Weltmutter!
In den Veden, den alten heiligen Büchern des Hinduismus, werden immer
Götterpaare verehrt. Eine männliche Energie allein ist unvollständig.
Gestatte dir die Ganzheit, d.h. akzeptiere beide Energiearten.
Sie ergänzen sich, und sie machen dich ganzheitlich, ausgeglichen.

124 AVE MARIA

Gopaldas Wyslich

A-ve Ma-ri- a,   A-ve Ma-ri-a, A-ve Ma-ri- a,   A- ve Ma-ri-a,

A-ve Ma-ri- a, A-ve Ma-ri-a, A-ve Ma-ri- a,   A- ve Ma- ri-a.

125 MUTTER MARIA, EHRE GEBÜHRT DIR

Mut-ter Ma-ri-a, Eh-re ge-bührt Dir, Mut-ter Ma-ri-a,

öff-ne mein Herz mir. Mut-ter Ma-ri-a, Eh-re ge-bührt Dir,

Mut-ter Ma-ri-a, öff-ne mein Herz mir.

126 WE ALL COME FROM THE GODDESS

Rainbow-Lied

We all come from the God-dess and to her we

shall re-turn like a drop of wa-ter flow-ing to the o-cean.

127 OM TARE TAM SO HA

Traditionell

OM Ta-re Tam So Ha OM Ta-re Tam So Ha

Ende

OM Ta-re Tam So Ha OM Ta-re Tam So Ha

Tara ist die göttliche Mutter im Buddhismus (Tare! = O Tara!)

<u>XXIV   Mantras zur Anrufung von Engeln</u>

Die Anrufung von Engeln hat eine lange Tradition. Schon im alten Judentum wurden die Erzengel Uriel, Gabriel, Raphael und Michael als kosmische Beschützer geschätzt:
Uriel bedeutet „Licht oder Feuer Gottes". Dies ist die Energie der Klarheit, der Wiedergeburt und des Neubeginns.
Gabriel bedeutet „Stärke Gottes". Dies ist die Energie, die uns hilft, die Angst zu überwinden, auf dass wir unsere göttlichen Bestimmungen erfüllen können.
Raphael bedeutet „Heiler Gottes". Dies ist die Energie des Todes und der Wiedergeburt, der Überwinder aller Gegensätze und des Heil-Werdens.
Michael bedeutet „gleichwie Gott". Dies ist die Energie der Weisheit und der Liebe.

(Joan Borysenko)

128 SEID GEGRÜSSET, MEINE ENGEL

Seid ge-grüs-set, mei-ne En-gel, mei-ne En-gel, seid ge - grüßt!

Die mich lie-ben, mich be- schüt-zen, mei-ne En-gel, seid ge- grüßt:

En-gel der Füh-rung,   En-gel des   Schut- zes,

En-gel der Füh-rung,   En-gel des   Schut - zes.

Ü- ber   al - lem wacht   mein   Schutz - geist,   du mein

Schutz-geist sei ge - grüßt.   Mei - ne En- gel, seid ge - grüßt!

129 MICHAEL, MICHAEL

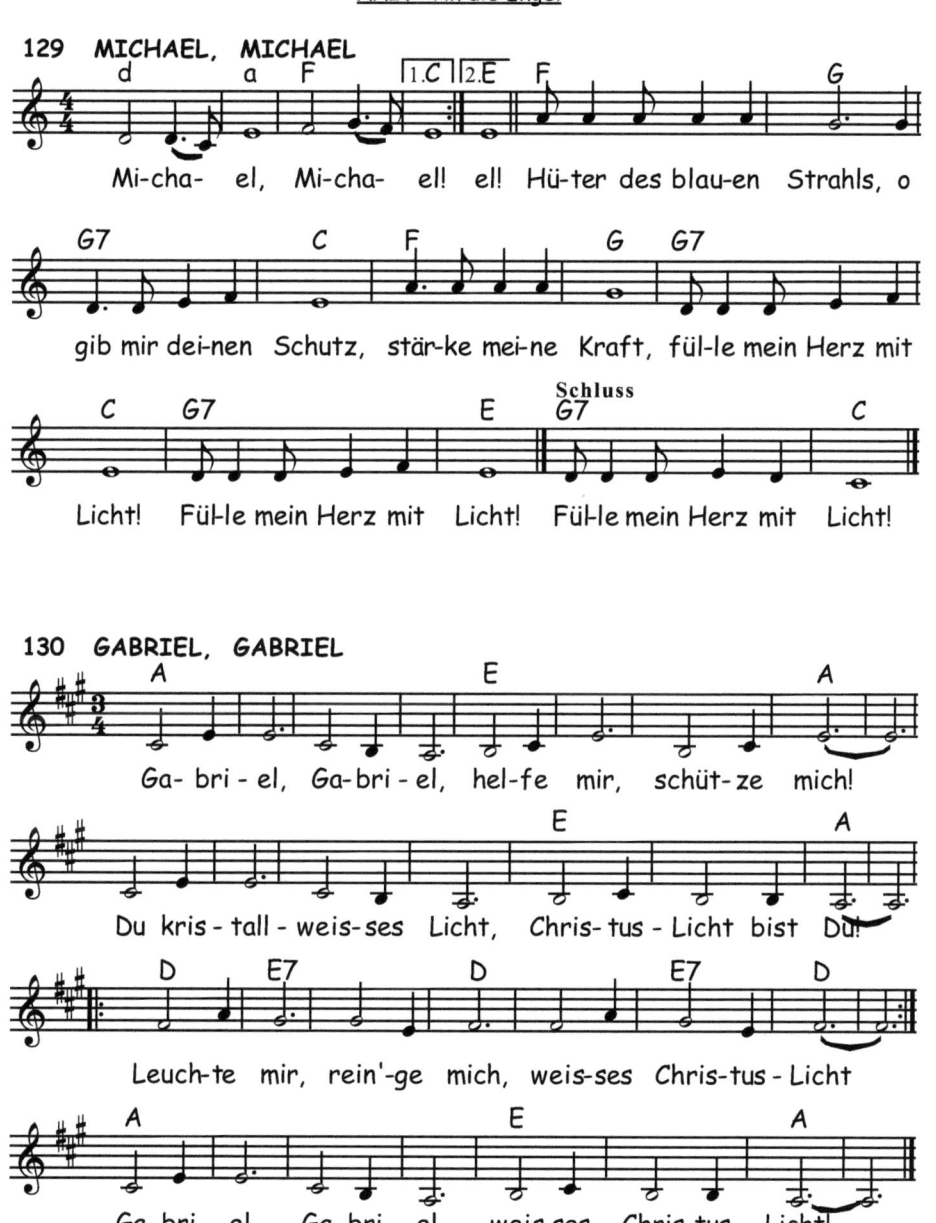

Mi-cha- el, Mi-cha- el! el! Hü-ter des blau-en Strahls, o

gib mir dei-nen Schutz, stär-ke mei-ne Kraft, fül-le mein Herz mit

Licht! Fül-le mein Herz mit Licht! Fül-le mein Herz mit Licht!

130 GABRIEL, GABRIEL

Ga- bri - el, Ga-bri - el, hel-fe mir, schüt-ze mich!

Du kris - tall - weis-ses Licht, Chris-tus - Licht bist Du!

Leuch-te mir, rein'-ge mich, weis-ses Chris-tus - Licht

Ga- bri - el, Ga-bri - el, weis-ses Chris-tus - Licht!

131   RAPHAEL, RAPHAEL

Ra- pha- el,   Ra- pha- el - , hei- le mei - ne

See- le!   du   Meis- ter des grü-nen   Strahls!

132   ERZENGEL URIEL

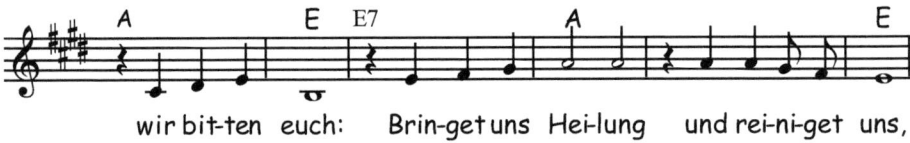

Erz-en-gel U-ri-el   und Meis-te-rin Na-da,   wir bit-ten euch

wir bit-ten euch: Brin-get uns Hei-lung   und rei-ni-get uns,

wir bit-ten euch,   wir bit-ten euch,   wir bit-ten euch.

XXV   Mantras zur Öffnung des Herzens

Es gibt mehrere Möglichkeiten, göttliche Energien um Herzöffnung zu bitten: Im Christentum ist es Maria, im Hinduismus ist es Shiva, welcher Negatives aus dem Herzen entfernt, damit Positives Eingang findet, oder im Sufismus der mystische Weg zum Göttlichen.

Herzöffnung bedingt das Loslassen von Selbsthass, welcher unsere Seele versklavt hält. Auf diese Weise können wir in unseren Platz im großen Gewebe des Lebens wiederfinden.

Mögen wir in einer Welt des Friedens leben.
Mögen wir in einer Welt der Schönheit leben.
Mögen wir im Bewusstsein dessen leben, dass wir alle eins sind.
Mögen wir uns des liebenden Ursprungs erinnern, dem wir entstammen.
Mögen wir uns erinnern, dass jedes Wort, das wir sprechen,
jeder Blick, den wir tauschen,
dass jedes Lächeln ein Geschenk ist.
(Joan Borysenko, u.a.)

133 AAD GUREH NAMEH

Von den Sikhs

Aad   Gu-reh na - meh, Dschu - gaad   Gu-reh Na - meh,

Sat Gu-reh Na - meh   Si-ri Gu-ru   De - veh Na - meh.

Schutz- und Reinigungs-Mantra von den Sikhs:
Ich verehre die absolute und ewige Weisheit

*Verankerung der Seele im Innern und Außen: Mantra schützt meine Seele
und mich im Äußeren.
Der Guru (in uns) führt uns von der Dunkelheit ins Licht.
Er gibt uns Kraft und Selbstvertrauen.*

134 OM NAMAH SHIVAYA

OM na-mah Shi - va - ya   OM na-mah Shi - va - - ya

Ende:

OM na-mah Shi - va - ya   Shi-va OM na - mah. Ha-ri   mah.

Ich vertraue mich Gott, der Shiva-Energie = Hari, an.

*Shiva hat die Kraft, unser Herz zu öffnen - und damit den Zugang zu unserer Intuition.
Damit wir den Weg des Herzens, d. h. der Liebe gehen können.*

135 SHIVA SHIVA SHIVA SHAMBOO

Traditionell aus Indien

Shi-va Shi-va Shi-va Sham-boo   Shi-va Shiva Shi-va Sham-boo

Ma-ha-de-va Sham-boo   Ma-ha-de-va Sham-boo.   de-va Sham-boo.

Mahadeva = Großer Gott = Shiva, der glücklich (=Shamboo) macht, weil er das Herz öffnet.
Shiva zeigt den Weg vom ego-beherrschten Verstand hin zum intuitiv erkennenden Herz.

136 THROUGH YOUR EYES SHINES THE LIGHT

Lied von den Sufis

Through your eyes shines the light, Ma-shal - lah   Ma-shal-lah,

won-der of God in   you.   you.   Ma-shal - lah   Ma-shal-lah

Ma-shal - lah   Ma-shal-lah,   won-der of God in   you -,

won-der of God in   you.

Kapo 2

Mashallah = Möge es Allah gefallen!

137 ISQH ALLAH MAHBUD LILLAH

Sufi-Lied

Isqh Al-lah Mah- bud Lil--lah, Isqh Al - lah Mah-bud Lil - lah.

God   is love,   lo-ver and be-lo- ved,   love,   lo-ver and be -

lo -ved.   I   am love,   lo -ved.

Das Göttliche in uns, in mir und in meinem Nachbarn wird geehrt
Gott ist Liebe, Liebender und Geliebter.

138 YEMAYA ASESU

Kapo 2   Traditionell

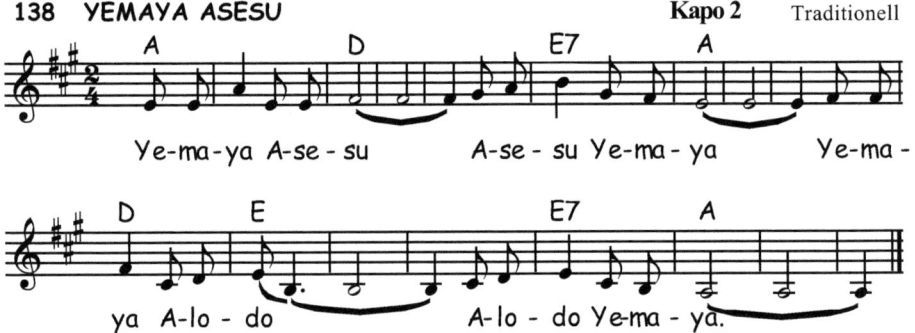

Ye-ma-ya A-se - su   A-se - su Ye-ma - ya   Ye-ma-

ya A-lo - do   A-lo - do Ye-ma - ya.

Ich ehre Yemaya, die Große Kosmische Mutter.
Sie ist die Energie des Meeres und der Lebenskraft und ist voller erotischer Lebendigkeit.
(Ihre Vorbilder waren zum einen die ägyptische Isis, welche die Westafrikaner als Arbeiter
in Ägypten kennenlernten, zum andern die christliche Mutter Maria.)

XXVI Mantras zum Danken

Wenn das einzige Gebet, das du in deinem ganzen Leben sagst, „Danke"
wäre, würde das ausreichen.
(Nach Meister Eckhart)

Großer Geist, ich sag' dir Dank
für das Geschenk meines Lebens.
Ich sage dir Dank für die Schönheit,
die in allen Dingen ist um mich herum.
(Sun Bear)

Jeden Tag, da ich nach draußen gehe und Dank sage,
sehe ich auf die weißen Regenwolken, die Bergzüge, die Bäume und
Kakteen.
Da ich die heilige Luft einatme, die mir Leben gibt –
da ich auf der Erde stehe, vor der ich Achtung habe –
da ich die kleinen Kinder sehe, wie sie spielen:
da weiß ich, dass alles der Mühe wert ist,
dass jeder Atemzug der Mühe wert ist.
(Indianisches Dank- Gebet via Rudolf Kaiser)

139 MEIN LEBEN IST SCHÖN

Mein Le-ben ist schön. Mein Gott gibt mir al-les.

Ich dan-ke für mein Le-ben. Freu-de, Frie-de, Frei-heit, Fül-le,

Freu-de, Frie-de, Frei-heit, Fül-le. Dank an mei-nen

Schöp- fer. Schöp- fer.

140 DANKE FÜR DIESEN GUTEN MORGEN   Traditionell

Dan-ke für die-sen gu-ten Mor-gen, Dan-ke für je-den neu-en

Tag. Dan-ke, dass ich all mei-ne Sor-gen auf Dich wer-fen kann.

141 THANK YOU MOTHER EARTH

T: Susan Arrow Grace

Thank you Mo-ther Earth, Thank you Sis-ter Wa - ter!
Thank you for our birth! From your sons and daugh- ters.

Thank you Bro-ther Sun! Thank you Air in Mo - tion!
Thank you ev-'ry - one: Earth, Sun; Air and O - cean!

Danke, Mutter Erde, Danke, Schwester Wasser,
Danke für unser Geborensein! Von euren Söhnen und Töchtern.
Danke, Bruder Sonne, Danke, bewegte Luft!
Dank an euch Elemente: Erde, Feuer, Luft und Wasser!

142 ICH DANKE DEM LEBEN

TA: Isabel Allende

Ich dan-ke dem Le-ben, es hat mir viel ge-ge-ben, hat das

La-chen mir ge-ge-ben, und das Wei-nen mir ge - schenkt.

Dank an das Le-ben!

143 **MEIN HERZ ERINNERT MICH**

TA: Serge Kahili King

Mein Herz er-in-nert mich, mein Herz er-in-nert

mich an das Wun-der - ba - re, das al-les ich er -

lebt, das al-les mich be - wegt, das al- les mich be- rei- chert

hat. hat. Dan-ke für die gu-ten Din-ge, die da sind.

Dan-ke für das Gu - te, das noch kommt. A - men

XXVII   Mantras am Tagesende

Abendgebet

Nach diesem Tag senkt sich die Nacht hernieder, ich lege meines Tages Last vor meinen Gott. Ich überantworte mich Gottes Schutz und seinen Engeln, sein Gedanke soll mein Weg sein, auf dem ich schreite. Was er an Weisungen für mich hat, will ich annehmen, einfügen in meine Gedanken. Sein Wille sei mein Wille, die Liebe, die er mir schenkt, will ich weitergeben an jeden Menschen, der mir am kommenden Tag begegnet. In seinen Armen will ich ruhen, meinen Körper hingestreckt in seiner Obhut wissen.

Unter meinem Haupt leuchten die Sterne und ich empfange seine Weisungen. Den Willen, Dir zu dienen, nehme ich mit hinüber in meinen Schlaf. Belehre mich dort, gütiger Gott, wo mein Geist ohne die Begrenzung durch meinen Körper lernfähiger und freier ist, anzunehmen, wonach Du verlangst. Gib mir den Schutz Deiner reinen Geister, deren Hilfe und Wohlwollen, so dass mein Leben behütet ist, wo immer ich auch bin.   Amen (Ewald Neff)

Großer Gott, GottVaterMutter, großer Geist, wir danken Dir für spirituelle Singabende, wo Du uns Deine Liebe, Dein Licht und weitere Segnungen immer wieder neu schenkst.

Wir danken DIR, dass wir dort für eine Weile unsere Alltagssorgen beiseiteschieben und gegen unsere Einsamkeit und Enttäuschungen singen dürfen - und stattdessen die Fülle in uns, die Fülle an Liebe, Kreativität, Lebensfreude und Kraft spüren können.

Wir danken für den Segen Deines Lichts, welches uns den richtigen Weg zeigt, den Weg unserer Seele, so dass wir Dich in allen Schöpfungsteilen erkennen, dass wir Dich in jedem Mitmenschen und auch in uns selbst erkennen. Danke, dass Du uns immer wieder daran erinnerst, uns selbst anzunehmen, damit wir andere Menschen auch so, wie sie sind, annehmen können.

Wir danken Dir, dass Du an spirituellen Singabenden den Frieden in unserem Inneren stärkst. Wir sind auf der Erde, um uns selbst kennen zu lernen. Denn dadurch werden wir auch DICH kennenlernen und den Frieden in unserer Seele haben, so dass wir kraftvoll, aufrecht und in Schönheit durch das Leben schreiten können.

Jeder von uns ist ein Geschenk. Wenn man sich freut, freut sich das Göttliche in uns. Wenn man singt, singt Gott aus uns.

Wir danken Dir, dass wir beim Singen in solchen Kreisen DIR so nah sein dürfen.

Amen

(Schlussgebet von Rainer Gopaldas Wyslich / Horst Nagel)

144   EIN SCHÖNER TAG VERGANGEN IST

Ein schö-ner Tag ver - gan-gen ist, ein schö-ner Tag ist ge-tan. Ich sa-ge Dank für dies Ge-schenk, ich sa-ge Dank für

1. dies Ge-schenk.   2. dies Ge-schenk.

145   GEHE IN FRIEDEN, LIEBER FREUND

Ge-he in Frie-den, lie-ber Freund! Ge-he voll Kraft auf dei - nem Weg, bis wir uns einst-mals wie-der- sehn. Gott ist mit dir und auch mit mir.

146 EIN SCHÖNER TAG GEHT NUN ZU END'

Ein schö-ner Tag geht nun zu End', die Son-ne sinkt am

Fir - ma - ment. Ich dan - ke Gott für die - se Zeit, mein

Herz ist licht, mein Herz ist weit. Ich bin be-schützt,

ich bin be-wacht. Uns al-len ei - ne gu - te Nacht.

147 GROSSER GEIST, DANK FÜR DIESEN TAG

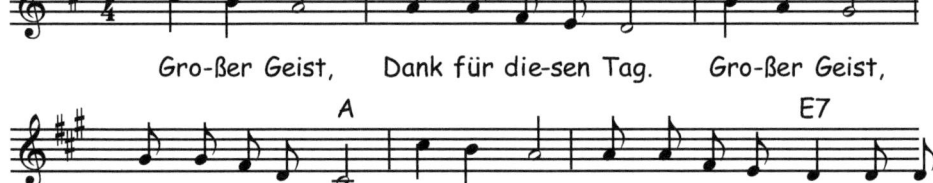

Gro-ßer Geist, Dank für die-sen Tag. Gro-ßer Geist,

Dank für die-se Nacht! Gro-ßer Geist, Dank für die-sen Platz, sei-nem

Feu-er, sei-nen spi-rits und den Men- schen hier im Kreis.

148 DANK FÜR MEIN LEBEN, DANK FÜR MEIN SEIN Für das Tagesende

Dank für mein Le - ben, Dank für mein Sein,

Dank für mein Glück und mei-nen Traum, im Hier zu

sein. Dank für mein Le-ben, Dank für mein Sein,

Dank für mein Glück und mei-nen Traum,

im Hier zu sein.

XVIII   Mantras für die Monden-Nacht

Wir sagen Dank dem Mond und den Sternen, die uns Licht geben,
wenn die Sonne nach Westen gegangen ist; Wir schauen auf den Mond,
in dessen Licht unsere Urmutter zu uns kommt;
denn sie vollzieht noch immer den Reigen des Lichts.
(Indianisches Dankgebet via Rudolf Kaiser)

Aus den tiefsten Tiefen meines Herzens,
jenseits der Weisheiten dieser Welt,
ruft eine stille, leise Stimme und singt ein Lied,
wandellos seit Anbeginn der Welt.
Sprich zu mir aus Abendrot und Sternenlicht,
sprich zu mir aus den Augen eines Kindes,
Du, der mich aus einem Lächeln ruft,
mein kosmischer Geliebter, sag mir, wer ich bin
und wer ich immer sein werde.
Hilf, mich zu erinnern.
(Joan Borysenko)

149 IN DER STILLE DER NACHT

In der Stil-le der Nacht, vom Mon-den-schein be - wacht

träum' ich mei - nen Tag zu En - de.

Ver - trau-en, Ver - trau-en, Ver - trau-en, Ver -

trau - en. Ver - trau - en.

150 FULL MOON, PUT AWAY MY SORROWS

Full moon, put a - way my sor-rows.   And fill my

heart with joy of life, and fill my heart with joy of life.

Vollmond, trage meine Sorgen fort.
Fülle mein Herz stattdessen mit Lebensfreude.

151 DU BEGLEITER DER ERDE

Du Be - glei - ter der Er - de, be - glei-test auch mich,
du um - hüllst mei - ne Träu-me mit all dei - nem Licht,

du be - wachst mei-ne See-le auf kos-mi-scher Fahrt, wo sie

sich stets er - neu-ert im O-ze-an der Kraft.

152 SONNE SINKT, MOND KOMMT HERAUF

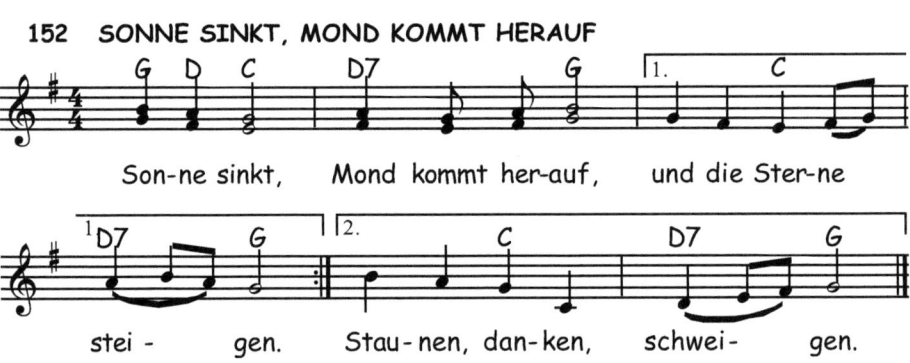

Son-ne sinkt, Mond kommt her-auf, und die Ster-ne

stei - gen. Stau-nen, dan-ken, schwei- gen.

153 SCHEINST DU IN MEIN ZIMMER

Scheinst du in mein Zim-mer, dann scheinst du in mein Herz.

Herz Die   Wel-len dei-ner Lie-be   tra-gen mich si-cher

wie die   Wel - len des Mee - res ein   Boot. Die

Lied an den Vollmond

Mee-res ein Boot.

XXIX   Mantras für die Ahnen

Für unsere Ahnen,
die in unserem Herzen weiterleben
und die eines Tages wieder mit uns
in die Zukunft gehen werden.
(Drunvalo Melchizedek)

Mit dieser Widmung beginnt Drunvalo Melchizedek sein Buch „Schlange des Lichts". Viele Europäer reden ungern von Ahnen, weil es stark an das ungeliebte und deshalb häufig verdrängte Thema „Tod und Sterben" erinnert. Doch findet so nach und nach ein Umdenken statt. Beispielsweise nehmen sie beim Familienaufstellen einen breiten Raum ein.

Seid nicht traurig. Denkt dran, wir Geister können besser denen helfen, sie begleiten und beschützen, die fröhlich sind.
(Isabel Allende „Briefe für Paula")

154 WIR GRÜSSEN EUCH, IHR AHNEN

TA: Drunvalo

Wir grü-ßen euch, ihr Ah-nen, ihr lebt in un-sern

Her - zen. Ihr wer-det einst - mals wie- der

mit uns in die Zu-kunft gehn.

155 AHNEN DER WEISHEIT, WIR RUFEN EUCH

TA: Carlo Zumstein

Ah-nen der Weis-heit, wir ru-fen euch. Singt eu-re Lie-der,

lehr t uns den Weg, singt eu-re Lie-der, lehrt uns den Weg.

Gemeint sind die erlösten Ahnenseelen,
die sich im Licht befinden:
Quelle der Führung und Inspiration = Ahnen

156 WEISE AHNEN TRÄUME ICH

TA: Carlo Zumstein

Wei-se Ah-nen träu-me ich, sie sind Teil von mir.

Wei-se Ah-nen ver - bin-den mich mit der Kraft der Na - tur.

157 OLD ONES HEAR US

Mujiba Cabugos

Old Ones hear us, Old Ones re-joice. We are the chil-dren

send-ing a voice. No more de-struc-tion, no more re-morse.

Danc - ing the heart - beat back to the source.

158   OLD ONES TELL YOUR ANCIENT STORIES   Earl Edward Bates

Old ones   tell your   an- cient   sto - ries,   old ones
so your

sing your   an- cient   songs,   so your wis-dom can   live   on.
wis-dom can   live   on,

159   I AM THE ANCIENT ONE   Text-Autor unbekannt

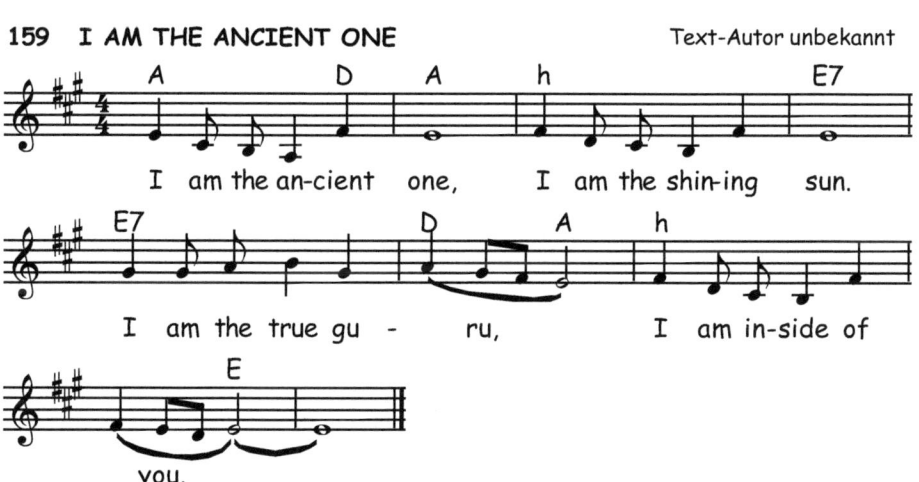

I am the an-cient   one,   I am the shin-ing   sun.

I am the true gu - ru,   I am in-side of

you.

Ich bin ein Ahnenwesen, ich bin die lebenspendende Sonne,
ich bin der wahre innere Lehrer.

160 REGENBOGEN, BRÜCKE DER LIEBE

Re-gen-bo-gen, Brü-cke der Lie-be. Him-mel und Er-de,

Raum und Zeit wer-den ü-ber-spannt vom Re-gen-bo- gen,

Brü-cke der Lie - be. Brü-cke der Lie - be.

Der Regenbogen ist das Symbol des Friedens und des Bundes zwischen Himmel
und Erde, Mensch und Tier. Er ist das Symbol der Liebe zu und zwischen allen Wesen.
Weniger bekannt ist der Regenbogen als Symbol der Gottesmutter Maria,
der Vermittlerin der Versöhnung in jedermanns Alltag.

<u>Erläuterungen zu den Autorinnen bzw. Autoren</u>

Black Elk ist ein heiliger Mann der Teton-Sioux. John Neihardt hat seine Lebenserinnerungen unter dem Titel **Schwarzer Hirsch   Ich rufe mein Volk** veröffentlicht.

Joan Borysenko: Persönliche Kraft und Beistand aus den Zyklen der Natur zu schöpfen für die tägliche spirituelle Praxis ist das Ziel ihres Buches **Ein Wunder täglich.** Joan empfiehlt Meditationen; Affirmationen, Übungen und Gebete aus allen großen spirituellen Traditionen der Welt, die helfen können, Ängste loszulassen, Mitleid in Mitgefühl zu verwandeln, Selbst- und Gottvertrauen zu entwickeln. (Aus dem Cover von „Ein Wunder täglich")

Eugen Drewermann ist als kirchenkritischer Publizist tätig. In seinen Schriften stehen u. a. Themen wie christliche Nächstenliebe und „Vergebung der Sünden" im Vordergrund.

Ulrich Emil Duprée erklärt in seinem Büchlein **Ho'oponopono** die Entstehung und Anwendung von Ho'oponopono sowie die ihm zugrunde liegenden geistigen Gesetze.

Rachel Harris ist eine amerikanische Psychotherapeutin. In ihrem Buch **Relaxed** beschreibt sie Mini-Meditationen für jede Gelegenheit, um im Alltag bewusst und aufnahmefähig zu sein.

Gerald Hüther ist ein deutscher Neurobiologe, der viel auf dem Gebiet der experimentellen Hirnforschung publizierte

Rudolf Kaiser ist Professor für Anglistik und beschäftigt sich mit den Indianerkulturen Nordamerikas. Drei seiner Bücher sind **Indianischer Sonnengesang** und **Indianische Heilkunst** und **Gott schläft im Stein.**

John Izzo beschäftigt sich mit allgemeiner Lebensführung, Spiritualität und Verantwortung. Mit seinem Glauben, seiner Weisheit und Erfahrung vermittelt er in Seminaren und Büchern, wie Menschen zu einem positiven Leben gelangen können. Einer seiner Bestseller ist „Die fünf Geheimnisse, die Sie entdecken sollten, bevor Sie sterben"

Drunvalo Melchisedek ist ein esoterischer Forscher. Er hat mehrere New-Age-Lehrschulen gegründet und vier Bücher verfasst, z. B. **Leben im Herzen: Wie man in den heiligen Raum im Herzen eintritt** und **Schlange des Lichts.**

Ewald Neff verfasste vor Jahrzehnten ein kleines Büchlein **Gebete für jeden Tag,** die er als Tieftrance-Medium empfangen hatte.

Pierre Stutz möchte uns zu mehr Lebendigkeit ermuntern, möchte uns dazu inspirieren, sich Zeit für Stille und Besinnung zu nehmen. Ein Motto seines Buches **Kraftquellen für jeden Tag** lautet: *Wir können und müssen nicht aus uns selber leben, sondern dürfen Tag für Tag aus der unerschöpflichen, göttlichen Quelle schöpfen.*

Sun Bear (* 1929) war ein Ojibwa-Indianer mit französischem Blut und einer Mutter mit deutsch-norwegischen Wurzeln. Er gründete einen Stamm, der sowohl indianische, als auch nicht indigene Interessierte willkommen heißt, und der in weiterentwickelter Form bis heute in den U.S.A. und Deutschland, als Bärenstamm existiert. Er veröffentlichte das Buch **Leben mit der Kraft.**

Eckhart Tolle ist ein spiritueller Lehrer und Autor spiritueller Bücher. Eines seiner bekanntesten Werke ist **Jetzt! Die Kraft der Gegenwart.**

Rainer Gopaldas Wyslich ist Ayurveda-Arzt und Gründer des Spirituellen Singens in Bad Nauheim. Er hat mehrere spirituelle Erläuterungen verfasst.

Alphabetisches Mantraverzeichnis